Passives Einkommen

Passives Einkommen
und finanzielle Freiheit
mit Immobilien, Aktien, ETFs
und Online-Business-Modellen

Florian Faber

1. Auflage

ISBN: 9781093804409

Inhaltsverzeichnis

Vorwort

Mein Name ist Florian Faber, ich bin 35 Jahre alt und werde dich in diesem, vielleicht auch in weiteren Werken über **passives Einkommen** informieren.

Das passive Einkommen, dessen ***Geschichte, Formen, Möglichkeiten, Chancen, aber auch Risiken*** lassen sich schwierig in nur einem Werk beschreiben, weshalb man mich künftig wahrscheinlich mit diversen Werken zu diesem Thema in Verbindung bringen wird.

Es ist unabdingbar, einige wichtige ***Informationen und Ratschläge*** hinsichtlich des passiven Einkommens zu haben, ehe man sich auch in der Praxis mit diesem Begriff auseinandersetzen und auf passives Einkommen bauen möchte. Auf der anderen Seite kommt jede noch so schlaue Theorie eines Tages zu ihrem Ende. Dann nämlich, ***wenn die Theorie in die Praxis übergeht.***

Vorwissen, Ausbildung, Know-how, all das ist wichtig, zweifellos wichtig, doch nichts ersetzt die **Lebenserfahrung**, die (leider) auch darin besteht, **Fehler** zu machen, aus ihnen zu lernen und im Endeffekt, wenn man es richtig angestellt hat, zu reifen.

Bei mir und in meinem Leben war das nicht anders. Zur Mitte meiner 20er entschied ich mich dafür, mit meiner damaligen Freundin auszuziehen. Es war meine erste gemeinsame Wohnung und das erste Mal, das ich ***finanziell unabhängig*** war und damit auf eigenen Beinen stand.

Ich versuchte mich mit zwei Jobs und einem Fernstudium ***über Wasser zu halten***. Das Vorhaben schlug fehl: Vom einen auf den anderen Tag teilte mir einer der beiden Arbeitgeber mit, dass sie mich für mein angestrebtes Pensum nicht ausreichend bezahlen können.

Doch ich zog nicht die Reißleine und war zu stolz, um meine **finanzielle Misere** öffentlich zu machen, indem ich mir beispielsweise Hilfe bei Eltern oder Verwandten suchte.

Das Ergebnis: Ich geriet in eine finanzielle Schieflage und bekam ordentlich Ärger mit meinem Vermieter, da ich mir die Miete nicht mehr leisten konnte. ***Viel böses Blut floss in dieser Zeit.*** Ein gerichtliches Verfahren konnte ich in letzter Sekunde vermeiden, die Beziehung zu meinen Eltern und Verwandten wurde in dieser Zeit auf eine harte Probe gestellt.

Geld war für mich zuvor nie ein ernsthaftes Thema gewesen. ***Es ist unwichtig, solange man es hat, doch überaus wichtig, wenn es einmal fehlt.*** Eine Lektion, die ich schnell und deutlicher, als es mir lieb war, lernen sollte.

Ich wohnte nicht in der Gosse und war nicht hoffnungslos verschuldet und doch hat dieses Szenario mein Leben und meine ***Perspektive auf finanzielle Themen für immer verändert***. Im Drogeriegeschäft an der Kasse stehend konnte ich mir nicht mehr sicher sein, ob meine EC-Karte den geringen Betrag abdecken konnte, der für Alltagswaren anfiel.

Ich musste zum Mathematik-Profi werden, um mir zu errechnen, ob ich mir diese Avocado für das Gericht, oder jene Paprika für ein anderes Gericht denn überhaupt ***leisten*** konnte. Im Notfall musste ich dies mit meinen vorhandenen Pfandflaschen verrechnen. Wenn sie nicht vorhanden waren, so musste ich die Flasche eben ausleeren, um 25 Cent mehr in der Tasche zu haben.

Es war in dieser Zeit, als ich begann, ***über den Tellerrand zu blicken***, und mir zudem schwor, nie wieder in eine solche Schieflage zu geraten. Es war nichts unfassbar Gravierendes geschehen und doch hatte ich die Beziehung zu meinen

Verwandten unnötig belastet. Ich hatte mir den Alltag unnötig schwer gemacht, konnte meiner damaligen Freundin nur bedingt eine Freude machen und erhielt Anwaltsschreiben, die mir äußerst unangenehm waren.

Es waren vor allem diese überwältigenden Gefühle jener Zeit, die ein **Umdenken** in mir auslösten. ***Scham, Ohnmacht, Schwäche, Existenznot, Angst, Panik, Schuld*** - mit diesen Gefühlen belastete ich mein Gemüt zu dieser Zeit, wenn auch nicht immer berechtigt.

Heute, nachdem ich über den Tellerrand geschaut habe und das auch nach wie vor tue, weiß ich, dass es sich definitiv lohnt, über den Tellerrand zu schauen. Ich wurde von Eltern erzogen, die wiederum von der **Erziehung** ihrer Eltern geprägt wurden. Meine Großeltern waren vom Zweiten Weltkrieg gezeichnet und dementsprechend fiel auch deren Erziehungsstil aus: ***autoritär und von materialistischen Nöten geprägt***.

Die ***Angst, nichts zu haben und alles zu verlieren*** war in den Köpfen von damals sehr präsent, denn schließlich verloren unglaublich viele Menschen in Deutschland alles, taten im Nachhinein alles dafür, dass das eigene Dach über dem Kopf und die eigene Familie Bestand haben konnte.

Gegen dieses Denken ist nichts einzuwenden, denn auch heute, im 21. Jahrhundert, sind materielle Nöte omnipräsent und die ***Schere zwischen Arm und Reich*** klafft immer weiter auseinander. Dennoch haben wir uns von den Schrecken des Krieges erholt und sind generell eine sehr ***wohlhabende Nation***.

Unsere **Definition und Auffassung von Arbeit** ist dennoch irgendwo in den Nachkriegsjahren stecken geblieben. Die meisten Menschen gehen nach wie vor ihrem "**nine-to-five**"**-Job** nach, kehren erschöpft und müde nach Hause zurück und nutzen ihre Freizeit, so gut es ihnen möglich ist, um am nächsten Tag dieses Spiel zu wiederholen. *Das Ganze wird so* *lang wiederholt, bis die eigene Rente irgendwann zusteht.*

Leider gibt es in unserer Bundesrepublik da nur ein Problem: Wer beispielsweise in der Industrie tätig war, der kann sich womöglich auf eine **anständige Rente** freuen, die den eigenen Lebensunterhalt sichern kann. Wer aber beispielsweise im sozialen Sektor tätig war und schon als aktiver Arbeiter verhältnismäßig wenig verdiente, könnte mit seiner späteren Rente Probleme haben, über die Runden zu kommen, zumal das ***Rentenkonzept in Deutschland umstritten*** ist.

"Die Rente ist sicher", hieß es einst.

Heute wissen wir: ***Wenige junge Menschen werden sich um sehr viele alte Menschen kümmern müssen.*** Deswegen sucht der soziale Sektor nicht nur dringend nach Personal, welches dafür allerdings auch besser bezahlt werden sollte, nein, auch für das Rentenkonzept bedeutet diese **demografische Entwicklung** nichts Gutes, denn immer weniger Menschen müssen immer mehr Senioren finanzieren.

All diese Aussagen werden außerdem für den "**Normalfall**" getroffen, doch was geschieht, wenn ein **plötzlicher Krankheitsfall** eintritt? Dabei kann das eigene Leben, aber auch das Leben von Familie und Verwandten betroffen sein.

Spätestens dann werden unsere **finanzielle Existenz** und unser **Wohlstand** auf eine Härteprobe gestellt. Oftmals schließen wir teure Versicherungen ab, die uns am Ende des Tages doch nur über den Tisch ziehen oder die uns ärmer zurücklassen, als wir sie vorgefunden haben.

Versicherungen sind grundlegend sicherlich nichts, was verwerflich wäre, doch sind sie **wirklich effizient?**

Diese vergangenen Zeilen und Überlegungen haben mich, neben den besagten persönlichen Erfahrungen, Folgendes gelehrt:

*Sich auch und vor allem im jungen Alter mit **finanziellen Themen** zu beschäftigen, ist kein Bonus oder Zusatz, es ist im Prinzip eine notwendige **Bedingung und Voraussetzung.***

Nach ausführlichen Recherchen, Erfahrungen und finanziellen Projekten kann ich mittlerweile sagen, dass ich mir eine **finanzielle Freiheit** im Leben erarbeitet habe, die mir ***Planungssicherheit*** in der Zukunft verspricht und das ganz ***unabhängig von Krankheitsfällen, demografischer Entwicklung oder Rentenkonzept.***

Finanzielle Freiheit war für mich dabei kein Ziel, es war der Startpunkt, das **Fundament**, das ich unter mir haben wollte, *um unbeschwert und verantwortungsvoll durch das Leben zu gehen.*

Auch und vor allem ***Unternehmen und Immobilien*** haben mir diese Grundlage ermöglicht. Das sind nur zwei Möglichkeiten, um sich ein **langfristiges passives Einkommen** zu schaffen. Zwei

Möglichkeiten, die in dieser Lektüre nicht zuletzt ausführlich vorgestellt und analysiert werden.

Nach diesem einleitenden Vorwort, in dem ihr etwas mehr über mich erfahren habt, möchte ich auch gar nicht allzu viele Zeilen verschwenden, sondern dir eine *anregende und informative Lektüre* wünschen.

Ich weiß nicht, mit welchen **Zielen und Intentionen** ihr an diese Lektüre herangeht. Sich ein passives Einkommen zu generieren, ist mit Sicherheit kein Muss. ***Doch sehe ich es als Muss, sich über die Möglichkeiten zu informieren, die passive Einkommensquellen offerieren können.***

Als verantwortungsvoller Mensch, der nicht nur an das Gestern und Heute, sondern vor allem an das Morgen denkt, sollte man sich auf jeden Fall eines Tages Zeit nehmen, um sich ***Gedanken über seine Finanzen zu machen***. Ich freue mich in jedem Fall, dass dieser Tag bei dir nun gekommen zu sein scheint.

Bevor ich dich nun endgültig in die Welt des passiven Einkommens entlasse, möchte ich dir hier an dieser Stelle **ein Werk empfehlen**, das ich im Zusammenhang mit dem Thema finanzielle Freiheit, speziell in Bezug auf die Begriffe "**Vermögenswerte**" **und** "**Verbindlichkeiten**" ganz besonders empfehlen kann:

Dabei handelt es sich um einen Bestseller des berühmten Autors ***Robert Toru Kiyosaki***. Der US-Amerikaner ist Autor und Geschäftsmann und verkaufte bis heute *mehr als 26 Millionen Bücher*.

Sein wohl bekanntestes Werk möchte ich an dieser Stelle auch empfehlen: **Rich Dad – poor Dad**.

"Wieso bleiben die Reichen reich und die Armen arm?", ist eine der Fragen, die in diesem Buch thematisiert wird.

"Weil die Reichen ihren Kindern beibringen, wie sie mit Geld umzugehen haben und die anderen nicht!"

Die meisten Angestellten wurden im Zuge ihrer Ausbildung, sei es nun Schule oder Universität, mit diversen Themen konfrontiert, aber nicht damit, *wie man mit Geld umgeht und wie man erfolgreich werden kann.*

Einen kleinen Teil zu diesem Erfolg und zu einem **Lernprozess im Umgang mit Geld** kann vielleicht auch diese Lektüre leisten.

Auf diesem Weg wünsche ich dir viel Spaß!

Florian Faber

Einleitung

Warum überhaupt sollte man als Mensch in der heutigen Zeit an einem **passiven Einkommen** interessiert sein?

Es gibt ***genug aktive Einkommensquellen***, genug Möglichkeiten, um heutzutage Geld zu verdienen. Es gibt unzählige Ausbildungen, um sich weiterzubilden und unzählige Studiengänge, um die eigene Karriere voranzutreiben.

"Ich verdiene in meinem aktuellen Job gut, warum sollte ich mich dann mit dem Begriff des passiven Einkommens auseinandersetzen?"

Die folgenden Zeilen könnten diese Fragen beantworten, auch wenn sicherlich keiner dazu verdonnert wird oder dazu verdammt ist, sich mit der ***Begrifflichkeit*** auseinanderzusetzen.

Die große Stärke und der große Vorteil, um bereits ein Element des folgenden Kapitels vorwegzunehmen, welcher vom passiven Einkommen ausgeht, ist die umfassende **Flexibilität und Freiheit**, die von passiven Einkommensquellen ausgeht. Denn passives und aktives Einkommen müssen sich nicht ausschließen. Es ist durchaus möglich, seinem Job nachzugehen, seine Arbeit auf die herkömmliche und traditionelle Methode zu verrichten, während man **nebenbei** an einem passiven Einkommensstrom arbeitet.

Die Frage im Zusammenhang mit dem passiven Einkommen lautet also **nicht** unbedingt: ***"Entweder, oder?"***

Vielmehr ist es diese Flexibilität und die angesprochene Freiheit, die einen in der heutigen Zeit zum Nachdenken bringen sollte. Denn schließlich ist es das, was viele Menschen und Arbeiter heutzutage vermissen und das, was sie sich wünschen: **Freiheit und Unabhängigkeit**.

Dabei denken viele Menschen noch nicht mal an Themen wie ***Altersvorsorge, oder Zusatz-Versicherung***. Sie denken nicht unbedingt daran, dass sie ein Zusatz-Einkommen auch und vor allem dann benötigen könnten, wenn sie selbst, wenn Verwandte oder Familienangehörige ***plötzlich erkranken***. Mit dieser Prognose werden mit Sicherheit keine schlafenden Hunde geweckt, denn die ***Menschen von heute werden immer älter***, was zwangsläufig dazu führt, dass im hohen Alter die eine oder andere Krankheit warten könnte, die intensiver Behandlung bedarf.

Wenn man nicht an solche ernsthaften Dinge wie ***Rente, Alter und Krankheiten*** denken möchte, dann muss man sich lediglich vergegenwärtigen, in welcher Zeit wir leben. Es ist eine globalisierte Gesellschaft, die von einer zunehmenden ***Technisierung, Automatisierung und Modernisierung*** lebt. Eine unfassbar schnelllebige Gesellschaft, eine hektische Zeit, in der viel Bewegung steckt.

Diese Mobilität macht auch vor der **Arbeitswelt** nicht Halt. Und so können wir heute kaum mit Sicherheit sagen, wie unsere Arbeitsplätze in zehn oder zwanzig Jahren aussehen werden, ob sie denn überhaupt noch existieren.

Unter anderem liegt das auch an der **Digitalisierung**, nach der Industrialisierung und dem Voranschreiten des Dienstleistungssektors ist das die ***nächste unfassbar große Herausforderung***, der sich die Menschen von heute stellen müssen.

Schon heute sagen Menschen voraus, dass sich unsere Arbeitsplätze in der Tat umfassend und tiefgreifend ändern werden – *viele dieser Arbeitsplätze werden nämlich gänzlich verschwinden.*

Spezielle Roboter in den Vereinigten Staaten sind mit fundiertem Know-how schon heute in der Lage, Anwälte quasi überflüssig zu machen, da sie **Wissen** schneller und präsenter auf Lager haben, als es jegliche Anwälte haben könnten.

Das Konzept der **selbstfahrenden Autos** sollte dir nicht gänzlich neu sein. Schon heute sagen Experten voraus, dass in einigen Jahren keiner mehr vor seinem Steuer sitzen wird, auch kein Taxifahrer.

Wie ist es um die Zukunft des Deutschen und um die Zukunft seines ***Statussymbols***, des Autos bestellt? Besitzen wir in zehn Jahren bald gar keine Autos mehr, weil wir uns selbstfahrende, sichere Autos **mit erneuerbarer Energie per Mausklick oder App** vor die Haustür bestellen?

Das sind nur zwei Beispiele, die zeigen, wie gravierend und intensiv der **digitale Wandel** unsere Gesellschaft und damit auch ***unsere Arbeitswelt prägen und verändern*** könnte. Es gäbe in der Folge kaum eine Branche, die von der Digitalisierung nicht betroffen wäre.

Schon heute machen Computer die Arbeit von Menschen größtenteils ja bereits **überflüssig**. Du kannst dir selbst überlegen:

Welchen Aspekt deiner Arbeit könnte ein Roboter oder ein spezieller Computer für dich übernehmen?

Solche Überlegungen, Tendenzen und Entwicklungen stellen unsere Zukunft auf der Erde vor neue Herausforderungen, welche auch und vor allem die **Politik** herausfordern. Es ist kein Wunder, dass schon heute über ***neue Gesetze und Konzepte*** nachgedacht wird.

Das **bedingungslose Grundeinkommen** wird in diesem Zusammenhang immer wieder diskutiert. Sollte sich dieses Konzept auf Dauer durchsetzen, würde dies für eine **Revolution des Begriffes "Arbeit"** sorgen und unser Leben auch im Hinblick auch finanzielle Aspekte erneut komplett prägen, dominieren und umkrempeln.

Und selbst wenn es heutzutage noch Sektoren und Branchen gibt, die von einem digitalen Wandel verschont bleiben, dann sind wir doch aktuell alle ***Zeugen und teilweise Opfer der modernen Leistungs- und Ellenbogengesellschaft***, die sich mit der Volkskrankheit **Burn-out-Syndrom** herumschlagen müssen.

Die Arbeit von heute hat durchaus das Potenzial, Menschen krank zu machen und leider schafft sie das auch regelmäßig.

Es sind unter anderem auch diese Aspekte, die eben jenes Nachdenken erforderlich machen. Jenes Nachdenken und Reflektieren, welches einem aufzeigen könnte, ***warum ein passives Einkommen die Antwort auf viele Fragen sein könnte***.

Fragen, die man sich selbst vielleicht noch nie gestellt hat, bis sie plötzlich dicht vor einem aufgetaucht sind und gar keine Zeit mehr gelassen haben, um nach einer vernünftigen Antwort zu fahnden.

Dieser Einheitsbrei der modernen Leistungsgesellschaft offenbart noch ein weiteres Problem. Sie schiebt den **Status quo** in den Vordergrund, diese konkrete Vorstellung des Wortes ***"Schaffen"***.

Diese kapitalistische Note des ***"Hast du was, bist du was"***, diese Nuance, die heutzutage eigentlich keine Nuance mehr ist. Heute definieren sich viele Menschen über **Konsum und Besitz**, selbst wenn sie dies bewusst vielleicht gar nicht wollen.

Beziehungen werden heutzutage oberflächlicher, denn Menschen lieben Konsumgüter teilweise mehr, als sie Menschen lieben. Diesen Eindruck könnte man jedenfalls gewinnen, wenn man in diversen öffentlichen Verkehrsmitteln sitzt.

Dort sitzen sich die Menschen gegenüber und schenken sich keine Beachtung. Beachtung schenken sie hingegen dem viel zu großen Display ihres ***Smartphones***, das sie für überteuerte Preise eingekauft haben und womit die keine Steuern zahlende US-amerikanische Firmenelite so viel Geld scheffelt, dass sich die Arbeiter in Asien noch leichter ausbeuten lassen.

Sie kommunizieren also, bezeichnen das, was dort geschieht, jedenfalls als **Kommunikation** und werden von diesen Klicks und Benachrichtigungen **süchtig**. Sie werden Untertanen des ***Glückshormons Dopamin***, wahrscheinlich ohne es zu merken.

Doch zurück zum **Status quo** und der Devise ***"Hast du was, bist du was"***. Dieses Zahnrad der modernen Gesellschaft sorgt dafür, dass wir uns diesem ständigen Druck und Stress, dazuzugehören ständig stellen und uns rechtfertigen müssen, wenn wir die ***Erwartungen nicht erfüllen***.

Krank machen geht da schon gar nicht und das, obwohl man wirklich schwer krank ist und andere anstecken könnte und schon gar nicht, wenn die **Krankheit** "nur" psychischer Natur ist.

Was letzten Endes auf der Strecke bleibt, ist die individuelle Freiheit, die Entfaltung der eigenen Persönlichkeit, das Ausleben der eigenen Talente, die Selbstverwirklichung.

Im Prinzip bleibt das Leben aus, wenn wir alle nur einer Arbeit nachgehen, die uns am Ende des Monats einen üppigen Gehaltscheck offenbart, aber **Lebenszeit** in Anspruch nimmt, die wir nie wieder zurückbekommen.

Diese Form der Arbeit ist ***nicht skalierbar*** und ist vor allem häufig ***verhältnislos***, weil wir unseren Fleiß, unser Engagement, unseren Eifer, unseren Einsatz, unsere Überstunden ***selten gewürdigt*** oder zurückbekommen.

Ohnehin vergleichen sich **reiche Menschen** nur mit noch reicheren Menschen und ab einem bestimmten Betrag werden Menschen mit viel Geld ohnehin ***nicht mehr glücklicher***, wie Wissenschaftler herausgefunden haben. Die Freude über ein nagelneues Auto, einen Ford Mustang, hält vielleicht einige Tage oder Wochen an. *Dabei ist es am Ende egal, ob wir mit einem Ford Mustang, oder mit einem Ford Fiesta im Stau stehen und uns aufregen, oder?*

Vielleicht setzen wir alle im Endeffekt einfach auf das falsche Pferd, wenn wir nur an ein **aktives Einkommen** denken und wir uns somit ***auf eine ineffektive Art und Weise kaputt arbeite***n, ohne an unsere Zukunft und ohne an die Zukunft unserer Verwandten oder gar unserer Kinder zu denken.

Was ein **passives Einkommen** daran ändern kann, inwiefern es ***effizient*** ist, welche ***Vor- und Nachteile*** existieren und wie der Begriff der ***finanziellen Freiheit*** verstanden werden kann, ist unter anderem Gegenstand des folgenden Hauptteils.

Die Grundlagen: Definition passives Einkommen

Die Begrifflichkeit **„passives Einkommen“** lässt sich mitunter schwer definieren, weil es „das“ passive Einkommen schlichtweg nicht gibt.

Es gibt viele verschiedene Formen und Beispiele, wie ein passives Einkommen **in der Realität** aussehen kann. Diese verschiedenen Beispiele und Formen sind jedoch sehr ***unterschiedlich***, was wiederum charakteristisch für diese Art des Einkommens ist.

Die **Flexibilität und Freiheit**, welche von einem passiven Einkommen ausgehen, sind allein darin schon begründet: Es gibt ganz viele ***verschiedene Wege***, um ein solches passives Einkommen zu bekommen, die sich durchaus unterscheiden.

Was aber prinzipiell alle passive Einkommensquellen **gemeinsam** haben, ist das

Merkmal, dass ein passives Einkommen **keine Aussage über den zu erwartenden Ertrag** trifft, sprich unabhängig hinsichtlich des Ertrages ist.

Das heißt im Klartext, ein passives Einkommen kann monatliche Einnahmen von 50 Euro nach sich ziehen. Andererseits wäre es aber auch möglich, dass ein passives Einkommen tausende Euro monatlich generiert. ***Die Grenzen nach unten und oben sind auf jeden Fall offen***.

Bezeichnend für das passive Einkommen ist die Tatsache, dass es Arbeitgeber und Arbeitnehmer in der klassischen Form nicht gibt. In der Regel bist du dein eigener Arbeitgeber, du bist **dein eigener Chef** und arbeitest für dich und für deine Zwecke.

Aus diesem Grund sind Menschen, die auf ein passives Einkommen setzen, häufig **Freiberufler oder Selbstständige** und müssen ihre Einnahmen daher auch entsprechend ***steuerlich kennzeichnen***.

Ein Wort, das unweigerlich mit dem Begriff des passiven Einkommens verbunden ist, ist der Begriff der **Nachhaltigkeit**. Ein passives Einkommen muss ***nicht zwangsläufig sofort und unmittelbar Einnahmen*** generieren. Es zeichnet sich meistens dadurch aus, dass es nachhaltig funktioniert.

Damit verbunden ist ebenfalls die Tatsache, dass für den Aufbau eines solchen passiven Einkommens ein mitunter **hoher Initialaufwand** aufzubringen ist. Das widerspricht dem Irrglauben und der häufig vertretenen Annahme, dass man für ein passives Einkommen nichts aktiv tun müsse, da es ja ein passives Einkommen sei.

Die Realität sieht allerdings oft und meistens anders aus: Damit dieser Zustand der absoluten **Passivität** eines Tages eintreten und man tatsächlich die Füße hochlegen kann, ist gerade die Anfangsphase entscheidend, denn hier wird der **Grundstein** für die Zukunft gelegt, für die manchmal eben ein ***verhältnismäßig hoher Aufwand*** zu leisten ist.

Der **anfängliche Mehraufwand** zahlt sich in der Regel langfristig also aus und passt sich zugleich dem Leben auf eine natürliche Art und Weise an: In jüngeren Jahren sind wir meistens bereit, mehr Zeit für unsere Arbeit zu investieren, sind allgemein ***leistungsfähiger und agiler***. Diese Leistungsfähigkeit lässt im Laufe der Jahre natürlich nach. Auf diese Weise kann das passive Einkommen funktionieren, das ***erste Impulse*** benötigt, ehe es nach einer Weile von allein funktioniert.

Arbeiter in Deutschland müssen dabei häufig **unverändert hohe Leistungen** erbringen, unabhängig davon, ob sie nun 30 oder 50 Jahre alt sind. *Arbeitgeber nehmen in der Regel keine Rücksicht darauf,* *wie alt ein Angestellter nun ist*, solange er das Rentenalter noch nicht erreicht hat. Selbst Rentner gehen im hohen Alter häufig noch freiwillig einer Arbeit nach, weil die eigenen ***Rentenbezüge oft nicht ausreichend*** sind.

Ein weiteres Merkmal des passiven Einkommens ist die **zeitliche Unabhängigkeit**, denn ist die passive Einkommensquelle erst einmal aufgebaut, ist es tatsächlich möglich, *zeitlich unabhängig Geld zu verdienen*. Geld zu verdienen, während man schläft, die Wäsche wäscht, im Urlaub ist oder während man Zeit mit seinen Freunden verbringt.

Diese Sonderform des Einkommens steht damit klar ***konträr zum aktiven, herkömmlichen Einkommen***, ohne dass sich beide Begriffe und Phänomene, wie bereits angesprochen, ausschließen oder gegenseitig bedingen müssen.

Der größte Unterschied zum herkömmlichen aktiven Einkommen ist wohl das Merkmal, dass **Zeit und Arbeit** bei einem passiven Einkommen nicht in einem direkten Verhältnis stehen, sprich **nicht lediglich ausgetauscht** werden.

Natürlich ist auch für ein passives Einkommen Zeit aufzuwenden, doch handelt es sich um ein ***effektiveres Verhältnis im Vergleich zu den klassischen 40 Wochenstunden***, für die man am Ende des Monats ein Gehalt X erhält.

Ein passives Einkommen ist nicht einfach an einen fixen Betrag, an einen fixen Ertrag gebunden, dieser *Ertrag kann im Laufe der Zeit auch stark abweichen.* Auch muss die Zahlung nicht zu einem bestimmten Zeitpunkt erfolgen, viel mehr kann man *jederzeit, Tag und Nacht* von den Geldströmen profitieren.

Der Autor ***Johann Fischler*** hat sich mit dem **Begriff des passiven Einkommens** in seinem Werk ***„Erfolgsrezept Internet“*** auseinandergesetzt. Er definiert passives Einkommen als einen *Fluss aus Produkten und Leistungen, die ohne ständige Impulse über längere Zeiträume Erträge erwirtschaften.*

Dabei nimmt Fischler eine weitere Unterscheidung vor: **Er unterscheidet zwischen passivem Einkommen ersten und zweiten Grades**. Das passive Einkommen ersten Grades kann praktisch *von jedem, theoretisch ohne Vorkenntnisse, generiert* werden. Für das passive Einkommen zweiten Grades ist das *Vorhandensein von Kapital* vonnöten.

Wenn du noch weitere Beispiele benötigst, die dir das passive Einkommen veranschaulichen, dann denke an die **Art der Bezahlung**: Für deinen Job, eine aktive Einkommensquelle wirst du natürlich ***nur einmal pro Monat*** bezahlt. Du erhältst im Januar 2024 kein Geld mehr aus deiner Arbeit vom Juli 2022. Beim passiven Einkommen kann auch das anders sein, denn aus den entsprechenden Produkten kann man ***häufig dauerhaft bezahlt*** werden.

Es ist also, beispielsweise beim **Erstellen von Büchern**, ein *einmaliger Aufwand* zu leisten, der theoretisch *ein Leben lang entlohnt* werden kann, abhängig davon, wie viele Menschen sich das Buch künftig kaufen werden.

Damit wären die Grundlagen des passiven Einkommens dargelegt. Aus diesen definitorischen Merkmalen gehen ***bereits erste Vorteile*** hervor, wie dir sicherlich aufgefallen ist. Das liegt daran, dass in der Definition der Begrifflichkeit bereits die Vorteile begründet sind.

Ein weiterer Begriff, der mit dem passiven Einkommen verwandt ist, ist der Begriff der **finanziellen Freiheit**. Ehe du die Vor- und Nachteile des passiven Einkommens und diverse Beispiele präsentiert bekommst, widmen wir uns noch dem Terminus der finanziellen Freiheit.

Die Grundlagen: Definition finanzielle Freiheit

Die Definition des Begriffes **finanzielle Freiheit** kann deshalb hilfreich sein, weil es sich hierbei um ein **Ziel** handelt, das viele Menschen verfolgen, die sich für den Aufbau eines passiven Einkommens entscheiden.

Dabei ist der Begriff „finanzielle Freiheit“ natürlich **kein feststehender Begriff**. Heißt: ***Jeder Mensch definiert Freiheit für sich unterschiedlich und lebt sie auch anders aus.*** Für den einen bedeutet Freiheit, an einem Wochenende länger schlafen zu können. Der andere muss in ein anderes Land reisen, um seine Definition von Freiheit erfüllt zu haben.

Dementsprechend verhält es sich auch mit dem Begriff der finanziellen Freiheit, die für manche vielleicht ab einem ***Betrag X*** beginnt, während andere Millionär werden wollen oder müssen, um diese finanzielle Freiheit erleben zu können.

Nach dieser Lektüre wirst du deine eigene Vorstellung von finanzieller Freiheit vielleicht überdenken oder neu definieren. Jetzt aktuell soll eine Definition genügen, die sich aus dem ergibt, *was die meisten Menschen über finanzielle Freiheit denken*, oder als solche definieren.

Dafür ist auch eine **Definition ex negativo** möglich. Du kannst dir also veranschaulichen, was ***finanzielle Abhängigkeit im Umkehrschluss*** für dich bedeutet:

Anfangs ist jeder Mensch in seinem Leben **finanziell abhängig**, und zwar von seinen ***Eltern***. Folglich macht man sich auch wenig Gedanken um das Geld, sofern es denn vorhanden ist.

Doch schon der **Wohlstand der Eltern** gibt vor, wie wir später über Geld denken und damit umgehen. Ist es etwas ***Selbstverständliches***, das wir ebenfalls besitzen und haben werden, ist es etwas derart ***Be-***

sonderes, das wir später nie Geld ausgeben und unglaublich geizig werden? *Werden wir überhaupt je finanziell unabhängig?*

Wer seinen Kindern bereits in jungen Jahren **wichtige Lektionen** mit auf den Weg geben will, kann sich für die Ausgabe von ***Taschengeld*** entscheiden. So lernen die Kleinen, wie teuer die Welt sein kann und wie irrational Menschen manchmal werden, wenn ihre Emotionen und Gefühle angesprochen werden.

Hat man es eines Tages geschafft, sich aus der finanziellen Abhängigkeit der Eltern zu lösen, endet die finanzielle Abhängigkeit aber nicht. Sie kann in einer ***Ehe*** begründet sein, in welcher die **Abhängigkeit vom Partner oder von der Partnerin** ausgehen kann.

Weiterhin besteht auch zu einem ***Arbeitgeber*** eine finanzielle Abhängigkeit, denn meldet das Unternehmen *Konkurs* an, oder der Chef hat berechtigte Gründe zur *Umstrukturierung*, werden wir dies zwangsläufig merken und somit werden wir uns spätestens dann unserer finanziellen Abhängigkeit bewusst.

Der **Nachteil** an diesen finanziellen Bindungen ist also, dass solche Bindungen jederzeit wegbrechen können.

An diesem Punkt kommt das **passive Einkommen** ins Spiel, denn durch eben jenes passive Einkommen wird ***finanzielle Freiheit möglich*** gemacht und die finanzielle Abhängigkeit wird von ***Unabhängigkeit*** abgelöst.

Passives Einkommen ist nicht die einzige oder ultimative Antwort auf die Frage der finanziellen Freiheit, doch ist es eine *lukrative Möglichkeit, Option und mit Sicherheit eine überlegenswerte Antwort.*

Möchte man sich den Begriff der finanziellen Freiheit noch näher vergegenwärtigen, ist auch eine **Einteilung und Gliederung in drei elementare Komponenten** möglich:

❖ Komponente 1: Geld verdienen

Damit finanzielle Freiheit grundsätzlich überhaupt möglich werden kann, muss **Kapital** verdient werden. Entscheidend ist in diesem Zusammenhang, wie das Geld überhaupt verdient wird.

Wird das Geld durch ein ***aktives Einkommen*** generiert, ergeben sich für das Sparen einige ***Hindernisse und Herausforderungen***: Zum einen könnte das die Abhängigkeit vom Partner, Freund, Staat, Arbeitgeber und/oder Familie sein. Auch wenn durch ein aktives Einkommen regelmäßig genug Geld für den Unterhalt verdient wird, kann eine *Form der finanziellen Abhängigkeit* bestehen, die gefährlich werden könnte.

Die Weltwirtschaftskrise hat dies beispielsweise ausdrücklich und eindrücklich untermauert. Da die Arbeit und das Geld quasi einfach gegen **Lebenszeit** ausgetauscht werden, geht eine Form der Freiheit durch eine aktive Einkommensquelle dennoch verloren.

Es existiert quasi <u>*keine Zeit, um von der finanziellen Freiheit zu profitieren*</u>, weshalb das passive Einkommen auch ein solch probates Mittel sein kann, um Geld zu verdienen, denn hier ist das Verhältnis zwischen ***Aufwand und Ertrag effektiver***.

❖ Komponente 2: Geld sparen

Ist das Geld erst einmal verdient, muss es im nächsten Schritt „nur noch" angespart werden. Auch beim **Sparen** kann man einiges falsch machen. Dann nämlich, wenn man einem ***Irrglauben*** verfällt und die ***falschen Ansätze*** verfolgt.

Dies könnte beispielsweise bei der ***Shopping-Jagd*** geschehen, sofern Angebote wie *„30 % auf alles"*, *„Reduziert"*, *„2 zum Preis von 1"* verfolgt werden. Dann könnte das Argument sein: *„Ich habe Geld gespart, weil dieses Produkt um die Hälfte reduziert war!"* Hierbei handelt es sich jedoch nicht um Sparen, denn letzten Endes wurde ja doch Geld ausgegeben, wenn auch nicht so viel, wie es vielleicht vor einigen Wochen der Fall gewesen wäre.

Sparen ist dennoch etwas anderes. *Pauschal bedeutet sparen aber nicht, auf Ausgaben zu verzichten.* Im Gegenteil: ***Indem man sein Geld sinnvoll anlegt, ist ein nachhaltiges Sparen möglich.***

Dies führt automatisch zur dritten und letzten Komponente der finanziellen Freiheit.

❖ Komponente 3: Geld investieren / vermehren

Anleihen, Aktien, Immobilien, aber auch die eigene Aus- und Weiterbildung: All das sind ***Investitionen in die eigene Zukunft***, die normalerweise und bei vernünftigen Anlagen und Konditionen dafür sorgen werden, dass sich *Einnahmen in Zukunft einstellen und vermehren können*.

Diese drei Komponenten, vor allem die dritte Komponente, offenbaren, wie eng finanzielle Freiheit und passives Einkommen miteinander verknüpft sein können. ***Denn durch das Erhalten und Generieren eines passiven Einkommens ist das Sparen und Vermehren von Geld meistens mit inbegriffen.***

Neben dem eigentlichen Einkommensstrom und dem Gehalt geht es nämlich, wie bereits beschrieben wurde, um **Effizienz und Nachhaltigkeit**. Zwei Begriffe, die wiederum eng mit dem ***Sparen*** von Geld verwandt sind.

Auch wird das passive Einkommen häufig extra dafür genutzt, um neben einem aktiven Einkommen für **Ersparnisse** zu sorgen. Auch so ergeben sich natürlicherweise einige Vorteile, die das passive Einkommen mit sich bringt.

Eine nähere Darstellung von potenziellen **Vor- und Nachteilen** liefert das folgende Kapitel.

Vor- und Nachteile von passivem Einkommen

Einige **Vorteile**, die das passive Einkommen, in welcher Form es auch immer existiert und wirkt, mit sich bringen kann, fanden bisher ja bereits Anklang, wenn es um den Zusammenhang mit dem Begriff ***finanzielle Freiheit*** ging.

Auch wurde durch die definitorischen Merkmale bereits klar, was sich aus dem passiven Einkommen mit den richtigen Mitteln ziehen lässt.

In diesem Kapitel sollen diese **Vorteile** erneut auf den Punkt gebracht werden, ohne die möglichen **Nachteile** zu vernachlässigen, denn natürlich gibt es, wie immer im Leben, auch ***Kehrseiten der Medaille***.

Diese Liste erhebt allerdings keinen Anspruch auf Vollständigkeit, denn in der Realität kann es viele Vor- und Nachteile geben, die auf das jeweilige **Individuum** wirken. Da es so viele Arten und Optionen gibt, passives Einkommen für sich zu nutzen, können im Einzelfall auch ganz eigene Vor- und Nachteile auftreten.

Dennoch sind im Folgenden einige der **klassischen Vor- und Nachteile** aufgeführt.

Vorteile

1. Die Altersvorsorge

Bereits im einleitenden Kapitel ist dieser Vorteil indirekt angeklungen. Wir alle wissen, dass es um unsere Altersvorsorge nicht unbedingt allzu gut bestellt ist, weil das **Rentenkonzept in Deutschland sehr belastet** wird.

Aufgrund der **demografischen Entwicklung** müssen bekanntlich wenige junge Menschen eine Vielzahl von älteren Menschen in einer ***immer älter werdenden Gesellschaft*** finanzieren. Schon heute reicht es den Rentnern teilweise nicht mehr, von ihrer Rente zu leben, weshalb sie auf die Versorgung durch Verwandte angewiesen sind, oder sogar im hohen Alter noch Minijobs annehmen müssen.

In diesem Zuge kann sich das passive Einkommen zu einem Vorteil entwickeln, denn man muss noch nicht mal einen wirklichen ***Zweck*** haben, der den Aufbau eines passiven Einkommens rechtfertigt.

Sparen zahlt sich im Endeffekt immer aus und war das passive Einkommen gar nicht „nötig" oder „notwendig", dann gibt es im Alter dennoch genügend ***Verwendungszwecke***. Ob es nun eine Reise mit Freunden oder dem Partner ist, oder ob das Geld für die eigenen Kinder oder Enkelkinder gedacht sein kann: Eine zusätzliche Sicherheit für die Zukunft zu haben, ist im modernen und schnelllebigen Zeitalter von heute mit Sicherheit kein Fehler.

2. Die freie Entfaltung, Freiheit, Flexibilität

Doch handelt es sich beim passiven Einkommen nicht nur um eine Reserve für die Zukunft. Bekanntlich gibt es ganz viele ***verschiedene Arten***, seinen Traum vom passiven Einkommen in die Tat umzusetzen.

Hier ist ein weiterer Vorteil begründet, denn handelt es sich nicht nur um irgendwelche unwichtigen oder nervigen Geschäftszweige, die einem Geld einbringen, sondern mitunter um **Herzenspro-**

jekte und echte Träume, die passives Einkommen generieren können.

Sei es das eigene Unternehmen mit Produkten, das für ewige Einnahmen sorgt, oder der Buchautor, der mit seinen Büchern ein Leben lang verdient: Das passive Einkommen muss ***kein Mittel zum Zweck*** sein, sondern beispielsweise der positive Nebeneffekt eines Lebenstraumes, der in Erfüllung geht.

Seinen Traum verwirklichen und leben, sich selbst und seine Ideen verwirklichen und ***nebenher*** noch von den finanziellen Aspekten profitieren, welche das passive Einkommen bietet: **Passives Einkommen und freie Entfaltung ergänzen und bedingen sich in vielen Fällen.**

3. Die Versicherung

Verwandt mit dem ersten Vorteil der Altersvorsorge ist auch dieser klare Vorteil, welcher vom passiven Einkommen ausgeht. Denn die zusätzlichen Erträge tragen nicht nur zu Wohlhaben im Alter bei, sondern zu einer **Absicherung** auf vielen verschiedenen Ebenen.

Wir vertrauen unser Geld und unsere Zeit im Alltag manchmal vielen verschiedenen **Versicherungen**. Dabei zieht man uns manchmal über den Tisch, indem Versicherungen verkauft werden, die ***zu teuer*** sind oder sich im Endeffekt einfach ***nicht als praktikabel erweisen***. Am Ende ist es die eine entscheidende Versicherung, die uns vielleicht fehlt oder eine Versicherung, für die wir ewig zahlen, die wir letztlich aber gar nicht benötigen.

Auch hierfür gibt es eine deutlich effizientere Art, nämlich das passive Einkommen. Wir müssen uns nicht darauf festlegen, wofür wir die Einnahmen ausgeben. Wir müssen nicht ***zuvor in eine Kasse einzahlen***, um am Ende davon zu profitieren. Sollte es einen bestimmten ***Notfall*** geben, kann das passive Einkommen Leben retten. Bleibt das eigene Haus, das eigene Fahrzeug, die eigene Gesundheit oder die von Familie, Freunden oder Verwandten unberührt, kann das Geld, was als Versicherung vorgesehen war, ***ohne Probleme für andere Zwecke benutzt*** werden.

In einer schnelllebigen Zeit sind Versicherungen vielleicht so wichtig wie nie zuvor. Man sagt schließlich nicht umsonst, ***das einzig Konstante in der heutigen Zeit sei die Veränderung***. Gut, wer in dieser Zeit vorgesorgt und sich entsprechend abgesichert hat. *Selbstbeteiligung, Verträge, Klauseln, Beiträge, Beitragserhöhungen, Betrug* etc. – mit einem passiven Einkommen ist all das Vergangenheit und das Wort „**Versicherung**" wird wieder wortwörtlich so verstanden, wie es eigentlich gemeint ist.

4. Die Chance auf Wachstum

Wer ambitioniert ist und die **klare Vermehrung des eigenen Kapitals** als Zielvorgabe hat, muss auf das passive Einkommen keineswegs verzichten. Zwar kann dies dafür da sein, um für eine kleine ***Zusatzversicherung*** zu sorgen, doch es gibt auch genügend Möglichkeiten, um im großen Stil zu sparen und anzulegen.

Wer sein Geld beispielsweise auf **Aktien** setzt, setzt gleichzeitig auf ein passives Einkommen und auf die Chance, sein Geld im großen Stil zu vermehren. Dafür sollte allerdings schon ***Kapital vorhanden*** sein.

Doch auch sonst ergeben sich durch das passive Einkommen Vorteile der **Skalierbarkeit** und des Wachstums. Während bei einer aktiven Einkommensquelle alles Relevante vorgegeben ist, ist bei einem passiven Einkommen quasi alles offen. Arbeitsstunden, Aufgabengebiet und Entgelt sind durch den Arbeitgeber bzw. ***durch den Vertrag geregelt***. Machen wir Überstunden, ist auch in diesem Zusammenhang geregelt, wie viel mehr Geld dadurch generiert wird oder ob der Abbau beispielsweise nur durch Überstunden gelingt. Doch der Tag hat nur 24 Stunden und es ist nur bedingt möglich, die finanziellen Möglichkeiten des eigenen Berufs auszureizen.

Bei einem passiven Einkommen ist das anders: Die **Chance zum Wachstum** ist hier gegeben und **von den eigenen Vorstellungen abhängig.**

Wie viel Kapital ist vorhanden, wie viel möchte ich investieren? Wie viel Zeit steht mir zur Verfügung? Welchen Betrag möchte ich überhaupt erwirtschaften?

Diese Fragen entscheiden darüber, welche **monetären Zwecke** man mit dem eigenen passiven Einkommen verfolgt. Eine Investition auszudehnen, mehrere Immobilien, statt eine Immobilie zu verwalten, das eigene Unternehmen auszubauen, noch mehr Bücher zu schreiben oder den Preis zu erhöhen – in der Praxis kann es ***viele verschiedene Arten des Wachstums*** geben, wenn es um passives Einkommen und um die Vermehrung des eigenen Kapitals geht.

Nachteile

1. Akzeptanz innerhalb der Gesellschaft/Familie

Im Grunde genommen kann und sollte es einem stets egal sein, was die Gesellschaft zum eigenen Privat- oder Berufsleben sagt. Und doch lassen sich viele Menschen von **externen Erwartungen und Reaktionen** beeinflussen.

Spätestens innerhalb der **Familie** möchte man häufig nicht als ***Sonderling oder Außenseiter*** dastehen. Da kann es verwirren und vielleicht auch kontraproduktiv wirken, wenn man der eigenen Familie dann von einem passiven Einkommen erzählt.

„Was machst du? Für wen arbeitest du denn dann? Hast du denn dann kein geregeltes Einkommen? Die Arbeit lohnt sich dafür doch gar nicht! Ist das wirklich krisensicher?“

Das könnten nur einige Fragen sein, denen man sich im Anschluss an die ***Be-***

kanntgabe stellen müsste. Wie bereits angesprochen wurde, handelt es sich bei der typischen **„nine-to-five“**-Arbeitsweise nach wie vor um die **typische Arbeitsweise**. Demnach kann die Reaktion auch und unter anderem so ausfallen, wie sie bereits dargestellt wurde.

„Was er nicht kennt, isst er nicht“ ist ein Sprichwort, das in diesem Zusammenhang übertragen werden kann. Zwar geht es in diesem Kontext nicht um Essen, aber darum, dass alles **Unbekannte und Ungewohnte** bei anderen Menschen sehr schnell auf **Widerstand und Unverständnis** stößt. Im ersten Moment ist für viele Menschen alles immer sehr verrückt und merkwürdig, bis es sich bewährt hat.

Hätte man den Menschen vor 20 Jahren gesagt, dass sie eines Tages mit ihrem Mobiltelefon sprechen und wild darauf herumtippen werden, so hätten sie genauso mit Unverständnis reagiert. *Heute gehört es selbstverständlich zu deren Lebensalltag.*

Das könnte für einen auch das Argument sein, es ohne größere Sorgen Freunden, Bekannten und der eigenen Familie zu erzählen: Im ersten Moment erntet man womöglich den einen oder anderen ***skeptischen Blick***, muss sich ***rechtfertigen*** oder ***erklären***. Doch letzten Endes wird sich jeder daran gewöhnen, wenn er oder sie erst einmal versteht, was genau man da macht und dass das, was man da beruflich macht, auch **erfolgreich ist und Sinn ergibt.**

Schließlich ist der Aufbau eines passiven Einkommens **nichts, was strafbar oder in irgendeiner Weise niveaulos** wäre. Im Gegenteil: Stellt man es klug und vernünftig an, hat man ja gerade für ***lukrative Nebeneinkünfte*** gesorgt und sich in dieser Hinsicht für das Alter oder für Notfälle abgesichert. Allein das ist nichts, was einem peinlich sein sollte.

Daher sollte der Aufbau eines passiven Einkommens aus einer **intrinsischen Motivation** heraus geschehen. Wer all das eher machen möchte, um anderen zu gefallen, oder um damit zu prahlen, der sollte es sich gut überlegen, denn ***Vorurteile*** gibt es in unserer Gesellschaft immer.

2. Vereinbarkeit mit dem eigenen Beruf

Die Akzeptanz des eigenen Berufs mag für den einen oder anderen eine untergeordnete Rolle spielen. Doch können auch ***Hindernisse und Schwierigkeiten*** auftreten, die das Unternehmen passives Einkommen etwas komplizierter machen.

Es fand bereits Erwähnung, dass ein passives Einkommen nicht im Gegensatz zu einem aktiven Einkommen stehen muss. Heißt im Klartext: *Es ist möglich, neben der Ausübung eines „herkömmlichen" Berufs nebenher für eine passive Einkommensquelle zu sorgen.* Das ist aber ***nicht unbedingt und ohne Einschränkungen*** möglich.

Unter Umständen ist der eigene Arbeitgeber über dieses Vorhaben zu informieren. Für dich könnten sich dementsprechend Nachteile ergeben, dann nämlich, wenn du mit deiner **selbstständigen Tätigkeit in**

Konkurrenz zu deinem Arbeitgeber trittst oder sich die Tätigkeiten in irgendeiner Form überschneiden.

Auch kann dein ursprünglicher Beruf einfach zu anstrengend sein und es **zeitlich einfach nicht möglich** machen, dass du dir nebenher noch ein zweites Standbein zulegst.

Doch auch, wenn dem so sein sollte, ist das nicht zwangsläufig ein Grund, um das Vorhaben mit dem passiven Einkommen aufzugeben. In jedem Fall sollte man **transparent** sein, wenn es angebracht oder erforderlich ist.

In diesem Zusammenhang geht es auch darum, dem eigenen Chef das Vorhaben entsprechend zu präsentieren. Könnte eventuell eine ***Kooperation*** zwischen dem Unternehmen und dem eigenen Standbein entstehen? Kann das Unternehmen auf eine sonstige Art und Weise von deinem eigenen Vorhaben ***profitieren***? Würdest du beispielsweise auf eine Gehaltserhöhung verzichten, mit der Begründung, dass du dein zweites Standbein stattdessen einsetzen und verwenden kannst?

Im Regelfall gibt es genug Möglichkeiten und Wege, um dem Chef das eigene Vorhaben günstig zu verkaufen, statt den Eindruck entstehen zu lassen, es könnte sich um eine Konkurrenz und damit um eine Situation handeln, die den ***Arbeitgeber benachteiligen*** könnte.

Ansonsten ist es aber natürlich auch möglich, das entsprechende passive Einkommen an die Arbeit anzupassen. *Treibt man dieses Einkommen beispielsweise während des eigenen Urlaubs voran? Oder ist es möglich, am Wochenende dafür zu arbeiten?*

Je nachdem, für welches passive Einkommen man sich entscheidet, kann eine **Anpassung** einfach und problemlos gelingen. Keine Arbeit ist glücklicherweise so zeitintensiv, dass überhaupt keine Zeit mehr für irgendwas verbleiben würde. Im Endeffekt sollte es also auf jeden Fall irgendwie möglich sein, Beruf und Arbeit miteinander zu vereinen.

Natürlich muss man sich selbst etwas anpassen, wenn man vorhat, das größte denkbare Projekt, das zudem noch zeitintensiv ist, neben der Arbeit zu starten. Denn das könnte in der Tat für ***Probleme mit dem Arbeitgeber*** sorgen. Wer sich komplett und vollständig auf ein passives Einkommen verlassen möchte, hat in dieser Hinsicht natürlich gar nichts zu befürchten.

3. Das Resultat harter Arbeit (inkl. Steuern?)

Wer sich über die Einkünfte freut, die aus einem passiven Einkommen entstehen, der sollte bedenken, dass es sich hierbei meistens um **Brutto-Einnahmen** handelt. Je nachdem, wie hoch die Einnahmen sind, fallen nämlich noch ***steuerliche Pflichten*** an. Daher sollte man mit seinem vermeintlichen Einkommen stets vorsichtig und sparsam umgehen, um nicht in eine ***etwaige Steuerfalle*** zu tappen.

Andererseits muss hier nochmals angemerkt werden, dass das passive Einkommen und der Weg zu diesem Einkommen **kein Zuckerschlecken** ist. Hier muss nochmals mit dem Klischee des passiven Einkommens als „Nichtstun, Füße hochlegen" aufgeräumt werden.

Bis es eines Tages soweit kommen kann, dass man selbst nichts mehr tun muss und die Füße dank eines passiven Einkommens hochlegen kann, dauert es in der Regel ***einige Monate, Jahre, vielleicht aber auch Jahrzehnte***. Gerade am Anfang kann der **Aufwand aber verhältnismäßig groß** sein, der zu leisten ist, wenn ein passives Einkommen aufgebaut werden soll.

Auch im Vergleich zu einem aktiven Einkommen kann hier der Aufwand größer sein, als es der Ertrag anfangs zurückzahlen könnte. Dessen muss man sich bewusst sein.

Damit ein großes Zahnrad viele weitere kleine Zahnräder anstoßen kann, muss anfangs das große Zahnrad in Bewegung gebracht werden, was natürlich den größten Aufwand innerhalb des Prozesses nach sich zieht. **Aller Anfang ist schwer**, dennoch sollte einen das nicht zum Verzweifeln bringen, denn sind die anfänglichen Leistungen erst einmal aufgebracht, kann einen danach in der Regel nichts mehr so schnell aus der Ruhe bringen.

4. Die Lücke im Lebenslauf

An dieser Stelle muss festgehalten werden, dass es *„den" Nachteil* eines passiven Einkommens nicht gibt, so wie *es „das" passive Einkommen* nicht gibt.

Ähnlich verhält es sich auch mit den Vorteilen: Da ein passives Einkommen sehr individuell sein kann, sind auch die möglichen **Vor- und Nachteile individuell verschieden und spezifisch**. Daher sollen hier auf die typischen Vor- und Nachteile hingewiesen werden, die für viele Menschen ein Problem darstellen könnten.

Anspruch auf Vollständigkeit hat diese Liste natürlich nicht, denn jede Lebensplanung ist anders und **individuell** und so sind es die **Probleme**, die ein passives Einkommen hervorrufen könnte.

Wenn du planst, mit einem passiven Einkommen eine gewisse ***Passage und Phase deines Lebens zu überbrücken***, dann könnte dies für Probleme sorgen, sobald du danach wieder nach einer festen Arbeit bzw. nach einem aktiven Einkommen schaust und suchst.

Es könnte beispielsweise sein, du möchtest für eine bestimmte Zeit studieren oder dich einem privaten Hobby widmen. Währenddessen möchtest du diese Periode mit einem passiven Einkommen finanziell absichern. Bewirbst du dich danach für einen neuen Job, klafft womöglich eine **Lü-**

cke in deinem Lebenslauf. Wenn du dein berufliches Nebenprojekt nicht ***entsprechend präsentierst und repräsentierst***, können in der Tat Schwierigkeiten und Probleme für dich anfallen.

Doch wie gesagt: Hierbei handelt es sich um eine **Frage der Repräsentation** und darum, wie gut du dich verkaufst. Hast du dich nicht gerade dafür entschieden, Pfandflaschen zu sammeln und daraus dein Kapital abzuleiten, kann es durchaus auch Vorteile haben, an einem passiven Einkommen gearbeitet zu haben.

„Ich habe mich, um ein privates Projekt XY abzusichern, für den Aufbau eines passiven Einkommens entschieden und daher nebenbei selbstständig an einem weiteren Projekt ZZ gearbeitet“.

Mit dieser Aussage wirst du beweisen, dass du ***nicht leistungsunfähig*** bist, ***um die Ecke denken*** kannst und ***eigenverantwortlich*** und mit ***Engagement*** an dein Ziel kommen kannst und willst. Solche Eigenschaften wie **Mut, Selbstverwirklichung, Kreativität** werden bei deinem potenziellen zukünftigen Arbeitgeber mit Sicherheit nicht schlecht ankommen.

Gerade dann, wenn die Quelle deines passiven Einkommens womöglich der Arbeit im künftigen Unternehmen entspricht, können sich für beide Seiten Vorteile ergeben, denn dann hast du auf freiberuflicher Basis bereits **Erfahrungen** gesammelt, die du in und für dein Unternehmen einbringen kannst.

Normalerweise setzen **gute und zukunftsfähige Unternehmen** auf Menschen, die eben eigenverantwortlich und selbstständig denken, die kreativ sind, wenn es um ihre Berufswahl und um die Ausübung eines Berufs geht und die ihr Leben aktiv und selbstbewusst gestalten und bestreiten.

In dieser Hinsicht muss die vermeintliche ***Lücke im Lebenslauf*** keine Lücke sein, sondern eine **Zeit der Erfahrung und Energie**, die dich im Leben mitunter sehr weit bringen kann.

Zwischenfazit

Wie alles im Leben kann ein passives Einkommen Vor- und Nachteile mit sich bringen, die man im Vorhinein bedenken sollte. Denn ein passives Einkommen baut man **nicht von heute auf morgen** auf.

Wenn dieses **zweite Standbein** erst einmal besteht, wäre es ärgerlich, aufgrund aufkommender Schwierigkeiten auf das passive Einkommen zu verzichten.

Man sollte sich in jedem Fall darüber bewusst sein, dass ein passives Einkommen meistens in Verbindung mit **harter Arbeit** steht. Ob dieses passive Einkommen mit einem möglichen aktiven Einkommen vereinbar und kombinierbar ist, sollte auch vorher analysiert und geklärt werden.

Wer sich dann noch um **steuerliche Belange** kümmert, sollte im Anschluss auch in der Lage sein, seine Familie und Verwandten von seinem Vorhaben zu überzeugen.

Dann steht einer Altersvorsorge oder einer zusätzlichen Versicherung, im besten Fall vielleicht sogar der Chance auf freie Entfaltung der Persönlichkeit mit der zusätzlichen Chance auf Wachstum nichts mehr im Wege.

Persönlichkeits-entwicklung & Mindset

Um sich ein passives Einkommen aufzubauen und um darauf zu vertrauen und zu bauen, benötigt es vielleicht einer entsprechenden **Persönlichkeit**. Ich weiß nicht, ob das passive Einkommen etwas für jedermann ist, doch ***jedermann kann sich ein passives Einkommen aufbauen*** und sich auch entsprechend entwickeln, damit diese passive Einkommensquelle zur eigenen Persönlichkeit und zu den eigenen Vorstellungen passt.

Ich möchte durch die folgenden Zeilen deine Persönlichkeit nicht verändern. Wahrscheinlich kann ich das auch gar nicht und das ist gut so. Denn letzten Endes ist eine ***gesunde persönliche Entwicklung*** eine Angelegenheit der **intrinsischen Motivation**.

Wir können von allen möglichen Dingen motiviert werden, doch authentisch ist eine Veränderung dann, wenn sie **von innen heraus** stattfindet.

Ich möchte dir darlegen, warum der Aufbau eines passiven Einkommens gerade zur heutigen Zeit Sinn macht und welches „**Mindset**" hinter dieser Einstellung steckt. Du kannst das im Nachhinein für ***sinnvoll*** erachten und deine ***Einstellung so weit ändern***, dass du umso mehr zu einem Pionier wirst und einen **Unternehmergeist** entwickelst, der zum Aufbau eines passiven Einkommens beitragen könnte.

Wenn du der Meinung bist, dass du dich mit diesen kommenden Worten **nicht identifizieren** kannst, ist das auch völlig in Ordnung. Nicht jeder Mensch kann sich mit den Vorzügen eines passiven Einkommens identifizieren. *Nicht jeder möchte auch unbedingt zu 100 % auf ein passives Einkommen bauen.*

Um für einen kleinen Nebenverdienst zu sorgen, der das eigene reguläre Gehalt etwas aufbessert, muss man sicherlich keine große Persönlichkeitsentwicklung hinter sich haben oder ein spezielles Mindset verfolgen.

Gründe gibt es aber durchaus, um die Welt mit neuen Augen zu sehen, mit und durch ein spezielles **Mindset**. In diesem Zusammenhang kann der folgende Spruch herangezogen werden:

„If you are not willing to risk the unusual, you will have to settle for the ordinary“.

Wenn du das Ungewöhnliche nicht riskieren möchtest, musst du dich mit dem Gewöhnlichen abfinden.

Dieses Zitat vermittelt meiner Meinung nach eine elementare Botschaft: In Deutschland gibt es viele Menschen, die sich über den, über ihren ***Status quo*** aufregen. Morgens in der Früh aufstehen, abends nach Hause zurückkehren und keine Zeit für etwas Anregendes haben. Vielleicht wird der Fernseher angeschaltet und die sinnlose Berieselung beginnt. Dieses Leben wird in Deutschland millionenfach gelebt und wer damit zufrieden ist, dem ist in dieser Hinsicht nichts vorzuwerfen.

Wer sich aber darüber beklagt und dieses Leben dennoch lebt, der begeht gleich zwei Taten. ***Dieser Status quo wurde keinem von uns auf den Leib tätowiert.*** Viele Eltern lehren ihren Kindern, früh und schnell im Leben eine Arbeit zu suchen, die das nötige Kleingeld beschert. *Was genau dabei gearbeitet wird, ist häufig egal.* Dieser Erziehungsstil fußt oft **auf materiellen Ängsten**, mit denen die Eltern oftmals selbst aufgewachsen sind.

Diese materiellen Ängste sind heutzutage aber eher unrealistisch und surreal, denn ***wir leben in einem der wohlhabendsten Länder der Welt***, in dem selbst der, der nicht arbeiten kann oder will, finanziell unterstützt wird.

Wer seine Ausbildung ernst nimmt, wird mit ziemlich sicherer Wahrscheinlichkeit auch einen Beruf ausüben können, der ihm das nötige Geld beschert. Doch haben wir in diesem Fall nichts riskiert. Wir haben uns für das **Gewöhnliche** niedergelassen. Wiederum ist hier nichts zu sagen, wenn man in diesem Fall zufrieden mit seinem Leben ist.

Allerdings haben wir nur 80, vielleicht 90 oder manchmal 100 Jahre zu leben und wenn man bedenkt, dass der eigene Schlaf schon ein Drittel dieser Zeit beansprucht, dann wird unsere **Lebenszeit noch exklusiver und wertvoller**, zumal du beim Lesen dieser Lektüre wohl mindestens sechs Jahre sein wirst. Sehr wahrscheinlich wirst du noch älter sein, wodurch deine Lebenszeit noch exklusiver wird.

Dies sollte einen allerdings nicht beunruhigen, sondern eher dazu **motivieren**, sein Individuum und seine ganz eigene **Persönlichkeit mit individuellen Talenten** bestmöglich zu veräußern. Geld werden wir in unserem Leben normalerweise ohnehin verdienen. *Der reichste Mann auf dem Friedhof zu sein, wem nützt das etwas?*

Geht es im Leben nicht eher darum, unsere Zeit für die Dinge und mit den Menschen zu verbringen, die wir lieben?

„Du musst das finden, was du liebst und das gilt für deine Arbeit sowie auch für die Menschen in deinem Leben.“

So oder so ähnlich drückte sich der Apple-Gründer ***Steve Jobs*** im Rahmen einer Rede vor US-amerikanischen Universitätsabsolventen aus.

„Lasse dich nicht von einem Dogma verleiten, was bedeutet, mit den Ergebnissen anderer menschlicher Gedanken zu leben. Lasse deine eigene innere Stimme nicht von äußeren Stimmen verstummen. Folge deinem Herzen, deiner Intuition. Sie wissen irgendwie schon, was du wirklich und ehrlich wissen willst“, so Jobs weiter.

Das heißt nicht, dass wir in unserem Leben nie etwas „Normales“ arbeiten müssen und auch nicht, dass es nie ***harte Phasen*** geben wird, in denen wir nichts tun müssen, was uns keinen Spaß bereitet. Selbst in unserem späteren vermeintlichen „Traumjob“ wird es Aspekte geben, die ***weniger Spaß*** bereiten.

Und doch werden wir unser Leben am Ende doch eher dann nicht bereuen, wenn wir ***Spaß und Liebe*** für das empfunden haben, was wir gearbeitet haben.

Diese Zitate sollen im Kontext mit passivem Einkommen folgendes vermitteln: *Du solltest auf keinen Fall Angst haben, mit dem Aufbau eines passiven Einkommens anzuecken, nur weil du dein Geld anders verdienst, als es der Typ von nebenan vielleicht tut.*

Gegen den Strom zu schwimmen mag vielleicht anfangs seltsam sein, weil wir es in einer ***Mainstream-Gesellschaft*** vor allem in jungen Jahren gewohnt sind, mit dem Strom zu schwimmen.

Und doch geht es letztlich um unser eigenes Leben und um unsere eigenen Vorstellungen, denen wir gerecht werden müssen. Dafür sollte man es auch in Kauf nehmen, wenn der eine oder andere seltsam guckt, wenn man vom passiven Einkommen erzählt. Ist man selbst glücklich und erfolgreich, werden es auch die Menschen sein, von denen man geliebt wird.

Der **Mut, das Außergewöhnliche zu wagen** und dem eigenen Herzen zu folgen, steht also im Vordergrund. Ansonsten geht es auch darum, **pragmatisch und praxisorientiert** zu denken.

Muss es im Leben unbedingt darum gehen, für einen Arbeitgeber zu arbeiten, bis man eines Tages in die Rente geht? Das ist der normale Weg, den die **meisten Menschen** wählen, wenn sie durch das Leben gehen wollen. Auch hier ist nichts einzuwenden, ***wenn dieser Weg Zufriedenheit verspricht***.

Für wen es bei genauerem Hinsehen aber sinnvoller ist, eher früher statt später für eine zusätzliche Altersvorsorge zu sorgen, oder zusätzlich für eine Versicherung für Notfälle zu arbeiten, der sollte an diesem Vorhaben auch jetzt arbeiten. Wer seine **Lebenszeit effektiv nutzen möchte**, mehr Zeit mit der Familie haben möchte und nicht nur täglich seine acht Stunden auf der Arbeit absitzen will, weil es das ist, was vermeintlich unsere Realität ist, der sollte sich eher früher statt später für ein ***passives Einkommen*** interessieren.

Ob es letzten Endes die richtige und wirkliche Option gibt, die zur eigenen Persönlichkeit passt, ist im Anschluss die nächste Frage. *Denn genauso wenig sollte man sich nur des Geldes wegen für ein passives Einkommen entscheiden.*

In einem der folgenden Kapitel wirst du lernen, welche **Möglichkeiten** unter anderem bestehen, um sich ein passives Einkommen anzueignen. Normalerweise sollte die eine oder andere Option für dich in Frage kommen, die ***zu deiner Persönlichkeit, zu deinen Talenten und Fähigkeiten passt***, die dein Leben also auf eine natürliche Art und Weise bereichern wird.

Mit dieser Option sollte es für dich möglich sein, dein Leben, selbst mit Arbeit, mehr zu genießen und gerade dadurch ein bewussteres und glücklicheres Leben zu führen. **Arbeit und Glück, Selbstverwirklichung und Pflichten, Geld und Freizeit müssen sich nicht ausschließen**, nur weil Eltern oder viele Menschen das so sagen oder vorleben.

Letztlich leben wir in einer Zeit, in der viele Menschen Geld verdienen und glücklich werden, weil sie ihre **Individualität ausleben** und mutig sind und wenn es nur YouTuber im Internet sind.

Letztlich leben wir in einer Zeit, in der viele **Normen hinterfragt** werden und in der jeder Mensch die Möglichkeiten hat, sein Leben **frei und aktiv** zu gestalten, sei es im Inland oder vielleicht auch im Ausland.

Eine Zeit der **Burn-out-Syndrome**, der modernen **Leistungsgesellschaft**, eine Zeit der komplexen und schnelllebigen Kommunikation.

Eine Zeit, in der das **„mit dem Strom schwimmen“** vorgelebt wird, in der dieser Strom aber immer häufiger auch seine Tücken hat und nicht wirklich zum Ziel führt.

Eine Zeit voller **Stress**, in der viel getan werden muss, um seinen aktuellen Status nicht einzubüßen.

Eine Zeit, in der **harte Arbeit nicht immer gewürdigt** wird und in der die Nähe zur Wirtschaft und Industrie in puncto Finanzen zumeist den höchsten Lohn verspricht.

Unter anderem aus diesen Gründen bietet es sich vielleicht an, **über den Tellerrand hinauszuschauen** und sich zu hinterfragen.

- *Was möchte ich in meinem Leben wirklich erreichen?*
- *Welche Ziele interessieren und reizen mich wirklich?*
- *Was muss ich gearbeitet oder gemacht haben, um vielleicht zufrieden oder glücklich zu sterben?*

- *Was würde ich machen oder arbeiten wollen, wenn heute oder in einer Woche der letzte Tag meines Lebens wäre?*
- *Was würde ich vielleicht tun wollen, wenn Geld keine Rolle spielen würde?*

Die Antworten auf diese Fragen werden dir auf jeden Fall helfen, um ein ***bewussteres Leben*** zu führen. Wenn du die Antworten auf diese Fragen gefunden hast, dann überlege dir, ob ein passives Einkommen dir dabei helfen kann, diese Antworten in die Tat, in die Realität umzusetzen.

Sehr oft ist nämlich genau dies der Fall, schließlich steht und fällt ein passives Einkommen zumeist mit der eigenen **Idee**, dem eigenen **Aufwand**, der eigenen **Motivation**.

Stellenanzeigen, die wie für dich gemacht sind, findet man hingegen selten. Vielleicht bringen dich diese Zeilen also dazu, einmal innezuhalten und bewusst über die **Möglichkeit eines passiven Einkommens** nachzudenken, in welcher Form und in welchem Ausmaß auch immer dieses Einkommen dann generiert wird.

Schließlich muss ein passives Einkommen nicht zwingend zur ersten Million verhelfen.

Wenn du den Versuchungen des passiven Einkommens widerstehen kannst und mit deinem aktuellen Leben zufrieden bist, ist das natürlich auch perfekt. Auch in diesem Fall könnte dich interessieren, wie der **Umgang mit Geld** im Zusammenhang mit dem passiven Einkommen steht und welche **Beispiele** es für passives Einkommen gibt, denn darüber werden die folgenden Kapitel aufklären.

Die Bedeutung des Sparens

Wissenschaftler haben herausgefunden, dass sich Menschen beim Aufbau von Wohlstand und Reichtum an den **Menschen in ihrer Umgebung** oder an den Menschen aus ihrem Umkreis orientieren.

Heißt: Ein Arbeiter kann vielleicht 10.000 Euro im Monat verdienen. Verdient sein Nachbar deutlich mehr und ist dies auch von außen zu sehen, bleibt der Arbeiter wahrscheinlich ***dennoch unzufrieden***, gibt es in seinem direkten Umfeld doch immer noch Menschen, denen es offensichtlich ***noch besser*** geht.

Auf der anderen Seite gibt es aber auch eine **definierte Jahresobergrenze**, von der Wissenschaftler sagen, dass Menschen, die mehr als diesen bestimmten Betrag verdienen, ***nicht glücklicher*** werden.

Was sagt das über das Geld bzw. eher über die Menschen, die dieses Geld verdienen wollen, aus?

Es sagt wahrscheinlich aus, dass es nicht viel Sinn macht, wie verrückt hinter diesem materiellen Gut hinterherzujagen. Meistens geht es dabei wahrscheinlich um die **Sucht nach Anerkennung und Liebe**. Wer viel Geld verdient, ist nicht zwingender glücklicher als ein ärmerer Mensch, der dafür vielleicht ***mehr schätzt, was er hat***.

In der Einleitung ist diesbezüglich schon ein Beispiel erwähnt worden: Ein Besitzer einer neuen Luxus-Karosse wird sich einige Tage oder Wochen über sein neues Auto freuen. Am Ende steht er aber genauso im Stau, wie es auch die anderen, nicht so teuren Wagen mit ihren Besitzern tun.

Wichtig sollte es im Leben daher nicht sein, möglichst viel Geld zu verdienen, um den Fokus darauf zu setzen, da man sich leicht verrennen und ***das Wesentliche vergessen*** kann. Wichtig ist Geld aber zweifellos und das Sprichwort ***„Geld regiert die Welt“*** ist *(leider?)* nicht allzu falsch.

Geld dient als Mittel zum Zweck. Es dient als Mittel, seine Schäfchen ins Trockene zu bringen, für alle Notfälle vorbereitet zu sein. Viel Geld zu haben sorgt dafür, dass man sich ***um Geld keine Sorgen*** machen braucht.

Denn **Existenzängste** sind intensiv und können gravierende Folgen haben. Ist das eigene Hab und Gut bedroht, steckt das keiner so einfach weg. Viel mehr als das schnelle Geld zu wollen und dabei nicht nach vorn und hinten zu schauen, ist es wichtig, ***Geld nachhaltig anzulegen und zu generieren***, damit man im Notfall und im Alter davon profitieren kann.

Außerdem sollte **Geld kein egoistisches Mittel zur Stillung der Ich-Sucht** sein. Familie, Verwandte, Kinder – im Leben kommen häufig Situationen, in denen Nahestehende das Geld *dringender benötigen, als man selbst* es tut.

Für diese Mittel der Nachhaltigkeit und für die Fähigkeit, im Alter gesund zu sein und um dafür sorgen zu können, dass das auch so bleibt, eignet sich ein **passives Einkommen** sehr gut.

Solltest du dennoch **Gründe** brauchen, warum **sparen** im Leben so wichtig ist und wieso es auch in Verbindung mit einem **passiven Einkommen** sinnvoll sein kann, dann kannst du dir die folgende Liste zu Gemüte führen:

1. Glück: Sparen macht glücklich und glücklich lässt es sich bekanntlich *leichter und unbeschwerter* durch das Leben gehen!

2. Selbstbewusstsein: Wer konsequent und clever spart, der tut gleichzeitig auf diese Weise etwas für sein *Selbstbewusstsein und Selbstvertrauen.* Denn die Orientierung Richtung Zukunft wird dafür sorgen, dass man vom eigenen Handeln profitieren kann.

3. Verantwortungsbewusstsein: Sparen beweist und verdeutlicht *Charakterstärke*, denn man beweist, dass man für sein Leben *Verantwortung* übernehmen und dafür auch kurzfristig starke Impulse zur

Seite schieben kann, um langfristig davon profitieren zu können.

4. Selbstbestimmung und Unabhängigkeit: Zu sparen kann etwas bewirken, was auch durch den Aufbau eines passiven Einkommens möglich ist, nämlich *Unabhängigkeit* zu erreichen und *ein selbstbestimmtes Leben* zu führen. In dieser Hinsicht sind die beiden Begriffe passives Einkommen und sparen also ebenfalls eng verwandt.

5. Bewusst leben: Wer spart, der beweist, dass er sich auf die *wesentlichen und wichtige Dinge des Lebens* fokussieren kann. Gleichzeitig wird so bewiesen, dass man stark genug ist, um auf Unnötiges und Unwesentliches, mitunter auch auf die Verführungen der Werbeindustrie, zu verzichten.

6. Mehr Möglichkeiten im Leben: Es ist schlicht, einfach und doch so wichtig: Menschen, die sparen, haben auf lange Sicht mehr Möglichkeiten, die die Menschen, welche im Überfluss leben, schlichtweg nicht haben werden. Durch ihre *Weitsicht und Kontrolle* sorgen sie für ihr Leben so und können somit im Notfall nicht negativ überrascht oder überrumpelt werden.

7. Ziele erreichen: Wer spart, der hat gleichzeitig bessere und größere Chancen, seine *Lebensziele* zu erreichen.

8. Gesundheit: Wer später häufiger in finanzielle Schwierigkeiten gerät und in dieser Hinsicht Probleme hat, der belastet nicht nur seine Psyche, sondern auf Dauer auch seine Gesundheit. Wer spart, lebt *entspannter* und tut so auch etwas für seine Gesundheit, denn so hast du eine Sorge weniger, wenn es um das älter werden geht.

9. Kinder: Wir Menschen vergessen häufig, dass es auch eine *Generation nach uns* gibt. Hoffentlich auch noch weitere Generationen, die diese Erde besser behandeln sollen, als wir es getan haben. Wir leben so, als hätten wir diesen Planeten von unseren Vorfahren geerbt, doch eigentlich haben wir sie von unserem Nachwuchs geliehen. Wer spart, sorgt gleichzeitig für unsere Nachkommen.

10. Geld für sich arbeiten lassen: Wer spart, der ist irgendwann in der Lage, finanzielle Prozesse und sein Leben generell besser zu kontrollieren. Man kann die Dinge *für sich selbst arbeiten lassen*, statt noch für das Geld aktiv arbeiten zu müssen.

Zwischenfazit

Im Prinzip muss ich dir wahrscheinlich und hoffentlich nicht mehr erklären, warum es sich anbietet, *schon in jungen Jahren etwas für das Alter zurückzulegen.*

Anhand der dargestellten Definition von passivem Einkommen könntest du nun aber festgestellt haben, dass es tatsächlich **Parallelen** zwischen sparen und passivem Einkommen gibt. Es ist diese ***Effizienz,*** die ***Absicherung*** für das Alter und für schlechte Zeiten, der ***kluge und bedachte Umgang mit Geld und Nachhaltigkeit***, das sind die Elemente, welche beide Begriffe gemeinsam haben.

Dabei kann man seinen Kindern nicht früh genug beibringen, wie wichtig Geld ist und wie schnell es vor allem weg sein kann. **Geld ist nicht selbstverständlich** und ist dann *das Wichtigste, wenn es nicht vorhanden ist, während es gern unwichtig wird, sofern es vorhanden ist.*

Dass sich diese beiden Zustände dabei häufig gefährlich nahekommen, macht die Sache nicht einfacher. Dass es im Leben wenig zielführend ist, das *Geld wie blind ehrgeizig zu jagen*, könnte ebenfalls Gegenstand einer gelungenen Erziehung sein. Dass es dennoch wichtig ist, *gut und gewissenhaft mit seinem Geld umzugehen*, und dass *passives Einkommen* in diesem

Zusammenhang eine gute Rolle spielen kann, könnte man als Elternteil ebenfalls vorleben. ***Dann nämlich, indem man seinem Kind den Umgang mit Geld schnell und vernünftig beibringt***.

Bereits ab dem Grundschulalter bietet es sich beispielsweise an, dem Kind ein erstes eigenes **Taschengeld** auszuhändigen. So wird das Kind den ***Umgang mit Geld*** mathematisch erlernen, was schulisch ohnehin notwendig ist.

Doch so wird es möglich sein, dass das Kind auch die **Werte** verinnerlicht, die mit Geld in Verbindung stehen. *Was ist etwas wirklich wert, wie viel sollte man für etwas investieren, wie viel Geld sollte man für etwas ausgeben?*

„Früh übt sich, was ein Meister werden will“ ist in diesem Kontext ein sinnvolles Sprichwort. Du könntest deine Kinder nicht angemessen auf das spätere Leben vorbereiten, wenn du das Thema Geld einfach unter den Tisch kehrst. Wird das Kind lange Zeit nichts über das Geld lernen, könnte es den *Eindruck erlangen, Geld sei selbstverständlich.*

Das ist für dich als möglicher Elternteil ein kleiner Tipp an dieser Stelle. Natürlich kannst du in diesem Zusammenhang auch nützlich sein, wenn du einen kleinen Bruder oder eine kleine Schwester haben solltest, dem bzw. der du etwas über Geld erzählen oder beibringen könntest.

Beispiele für passives Einkommen

Es wurde nun viel geschrieben über die Definition von passivem Einkommen, über Vor- und Nachteile, über das Sparen allgemein oder über Mindset im Zusammenhang mit passivem Einkommen.

Auch wurde immer wieder thematisiert, dass es **„das" passive Einkommen** nicht gibt, sondern ***viele verschiedene Arten***, sich ein solches Einkommen anzulegen. In diesem Kapitel werden die **gängigsten Methoden**, sich ein passives Einkommen anzulegen, beschrieben.

Natürlich ist auch diese Liste wieder nicht vollständig, denn in der Realität kann es **unendlich** viele Arten geben, sich ein passives Einkommen anzuhäufen, was wiederum an den gegebenen Umständen und Möglichkeiten festzumachen ist. *Die folgende Liste repräsentiert aber wieder die typischen Methoden und Optionen.*

Eine Unterscheidung lässt sich bei allen kommenden Möglichkeiten noch vornehmen: ***Es lassen sich On- und Offline-Methoden unterscheiden***.

Offline

Zunächst widmen wir uns den Offline-Methoden. Ich werde sie dir nun vorstellen. Weiterhin ist es möglich, dass du für manche Optionen, die dir dabei helfen können, an ein passives Einkommen zu kommen, **Kapital im Vorhinein** benötigst, bevor du mit dem Geld verdienen startest, weil es in diesem Zusammenhang auf **Investitionen** ankommt.

Für manche Optionen brauchst du aber nicht unbedingt ein üppiges Startkapital. Dies wirst du im Einzelfall erkennen oder es wird erwähnt werden.

❖ Immobilien

Hierbei handelt es sich wohl um die **klassische Methode**, die dazu verhelfen kann, ein passives Einkommen anzuhäufen. Diese Methode ist allerdings eine solche, für die **Eigenkapital vonnöten** sein dürfte.

Immobilien stellen seit jeher eine bewährte Möglichkeit dar, um sein Vermögen zu vermehren. Gerade heutzutage gelten Immobilien als ***Schätze***, weil sie sehr gefragt sind und für Menschen, die sie mieten oder kaufen wollen, leider auch ***sehr teuer*** sind. Umso ***wertvoller*** ist es daher, eine solche Immobilie besitzen bzw. verwalten zu können.

Einfach ist diese Methode allerdings nicht unbedingt. **Know-how und Erfahrung** sind hier wichtige Faktoren, denn wer seine Immobilien nicht *vernünftig verwaltet* oder sich regelmäßig um sie *kümmert*, sie auf einem *modernen Stand* hält, der wird auf lange Sicht eher Geld verlieren bzw. Kapital vergeuden.

Der **Aufwand**, der vor dem Genuss eines passiven Einkommens zu leisten ist, wurde ebenfalls ja bereits angesprochen. Dieser ist, neben der nötigen Erfahrung, natürlich auch hier zu leisten. Denn um eine Immobilie eines Tages erwerben zu können, damit man sie vermieten kann, muss ein gewisses ***Kapital*** vorhanden sein. Zumindest die Möglichkeit, eine Immobilie womöglich ***via Kredit*** zu erwerben, sollte bestehen.

Dann ist eine Immobilie bei richtiger Verwaltung in jedem Fall eine **Investition in die Zukunft**. Dafür sollte man ein **Kenner** der Immobilienbranche sein, gegebenenfalls gewisse **Kontakte** in dieser Branche haben, auf jeden Fall aber *wissen, was man tut.*

Außerdem solltest du niemals vernachlässigen, dass du als Vermieter nicht nur mit diversen Mieteinnahmen, sondern auch mit **nicht unerheblichen Ausgaben** rechnen musst. Der Staat wird dafür sorgen, dass du als Vermieter immer wieder verschiedene ***Abgaben*** ableistest, denn natürlich will jede Gemeinde am Erfolg einer Immobilie beteiligt werden.

Ein Begriff, der dir im Zusammenhang mit finanziellen Themen und auch im Zusammenhang mit passivem Einkommen häufiger begegnen wird, ist der Begriff des Cashflows. **Cashflow** meint die ***Gegenüberstellung von Einnahmen und Ausgaben zu einem bestimmten Zeitraum***.

Dieser Cashflow ergibt sich, sobald die Ausgaben von den Einnahmen abgezogen werden. Der Begriff kann problemlos auf die Immobilienbranche übertragen werden, denn als *Verwalter und Besitzer einer Immobilie* ist man prinzipiell auch der Schirmherr eines kleinen Unternehmens, welches es zu managen gilt.

Ein Cashflow kann **nicht nur positiv, sondern auch negativ** sein, was dir als Immobilienbesitzer aber besser nicht, zumindest nicht lang passieren sollte. Denn in diesem Fall werden keine finanziellen Mittel übrigbleiben, die aus dem Immobiliengeschäft erwirtschaftet werden könnten. ***Die Immobilien sollten also, wenn möglich, immer einen positiven Cashflow erzeugen.***

Anfangs sind Maßnahmen vonnöten, damit eine Immobilie an **Wert** gewinnt. Daher ist es in dieser Phase noch zu tolerieren, wenn eine Immobilie nicht gleich Einnahmen generiert, sofern diese Phase überschaubar bleibt. Für den Aufbau eines passiven Einkommens ist es allerdings unerlässlich, dass der Cashflow aus dem Immobiliengeschäft positiv wird.

Ein **typischer Fehler** besteht aus diesem Grund darin, einen ***negativen Cashflow zu lang zu tolerieren*** und zu lang hinzunehmen. Die Menschen, die diesen Fehler begehen, argumentieren dann häufig mit dem Wert einer Immobilie, unterschätzen dabei aber den Cashflow.

Natürlich ist die Wertigkeit einer Immobilie wichtig. Speziell ist es in diesem Zusammenhang wichtig, eine **Immobilie unter ihrem eigentlichen Wert zu kaufen**, was in der Praxis natürlich nicht immer einfach ist. Der Wert der Immobilie, sprich deren **Marktwert**, soll sich mit der Zeit schließlich steigern, was sich positiv auf einen künftigen Verkauf auswirken wird.

Auch die eigene **Bank** wird es begrüßen, wenn der Wert einer Immobilie steigt, nachdem das ursprüngliche Geschäft mithilfe eines Kredits finanziert wurde.

Immobilien sollten dennoch als Investitionen, nicht als Anlagen gesehen wer-

den. Viele vertreten hingegen die Meinung, Immobilien seien Aktien, die man unter Verschluss halten müsse, während man selbstverständlich Einnahmen erzielen könne.

Tatsächlich ist der **Wert von Immobilien** in den letzten Jahren allgemein **gestiegen**. Das heißt jedoch nicht, dass sich der Wert einer bestimmten Immobilie auch weiterhin garantiert steigern wird. Auf eine bloße Wertsteigerung sollte man daher nicht setzen, um auf diese Weise nur unnötig etwas riskieren zu wollen.

Fokussiere dich im Falle eines Immobilienbesitzes auf den angesprochenen **Cashflow** und darauf, diesen **positiv zu halten**. Dieser positive Cashflow ist schließlich die Grundlage, damit deine ***Liquidität und Bonität*** nicht gefährdet werden.

Zunächst geht es darum, mit deinem Besitz einen **Profit zu erwirtschaften**, und dann erst geht es darum, dass sich die Geschäfte irgendwann eines Tages selbst tragen können, damit sich das passive Einkommen tatsächlich ***„von allein“*** generieren kann. Dann wirst du eines Tages vielleicht in der Lage sein, die Immobilien zu verkaufen oder von einer dritten Person verwalten zu lassen.

Am Anfang wirst du lernen, dass **ungeplante Rückschläge** normal sind und dass mit **Sonderausgaben** im Immobiliengeschäft zu rechnen ist. Daher wird der ***positive Cashflow im Anschluss*** auch so wichtig sein.

Mit dem positiven Cashflow und dem vorhandenen Know-how, welcher dafür gesorgt hat, dass du dich für die richtigen Immobilien zu einem angemessenen Preis entscheiden hast, wirst du eine **sinnvolle Investition für die Zukunft** getätigt haben.

Gleichzeitig hast du eine Wohnung oder mehrere Wohnungen parat, deren **Marktwert** sich künftig steigern dürfte, was für dich zu einer zuverlässigen passiven Einkommensquelle werden wird.

Im Zusammenhang mit Immobilien kann es sich für dich lohnen, bereits mit einem weiteren Begriff vertraut zu werden. Dabei handelt es sich um den Begriff **Leverage-Effekt**. Leverage ist das englische Wort für ***Hebelwirkung*** und darum geht es im Prinzip auch.

Kurz gesagt könnte man den Terminus wie folgt umschreiben: ***Der Einsatz von Fremdkapital kann die Rentabilität von Eigenkapital mittels einer Hebelwirkung enorm steigern.***

Man kann eine solche Hebelwirkung mithilfe eines einfachen Beispiels veranschaulichen: Nehmen wir an, du hast eine Immobilie erworben, die 100.000 Euro wert ist. Gehe davon aus, dass du den Kaufpreis zu 100 % von deinem ***Eigenkapital*** gedeckt hast. Folglich wurde nichts fremd oder extern finanziert.

Ein Jahr später verkaufst du die Immobilie wieder und hast es in der Zeit geschafft, den Wert der Immobilie zu erhöhen. Der Verkaufspreis lag bei 110.000 Euro, was schließlich einem ***Gewinn von 10.000 Euro*** entspricht.

Um herauszufinden und um sich selbst zu errechnen, wie gut das eigene Geschäft war, gibt es ein stichhaltiges Indiz, nämlich die sogenannte **Eigenkapitalrendite**, welche in Prozent angegeben wird. Diese Rendite ergibt sich, wenn der Gewinn, also in diesem Beispiel 10.000 Euro, verhundertfacht wird. Das Resultat wird dann durch das Eigenkapital geteilt, welches ursprünglich eingesetzt wurde. In diesem Beispiel beträgt die ***Eigenkapitalrendite also 10 %***, da (10.000*100)/100.000=10.

In einem nächsten Schritt zeige ich dir nun, wie sich diese Rechnung grundlegend und elementar verändert und das nur durch eine **Hebelwirkung**, sobald ein ***Teil der ursprünglichen Summe durch fremdes Kapital getragen*** und finanziert wird.

Für dieses zweite Beispiel musst du annehmen, dass du eine weitere Immobilie für 100.000 Euro kaufst, dieses Mal aber nur die Hälfte der Summe selbst finanzierst. Die Hälfte, also ***50.000 Euro***, lässt du dir ***via Kredit von einer Bank*** finanzieren. Die Bank möchte für das Darlehen einen ***Zinssatz von 2 %.*** Folglich müssen 1.000 € Zinsen an die Bank gezahlt werden.

Soll die Formel von eben zur Errechnung der **Eigenkapitalrendite** herangezogen werden, muss dieser Betrag ebenfalls berücksichtigt werden. Die Formel wird nun erneut angewandt und du stellst fest, dass der Gewinn nun nicht mehr 10.000 Euro, sondern 9.000 Euro beträgt, da ja die entsprechenden ***Kosten für Zinsen abgezogen*** werden müssen.

Der Gewinn hat sich durch den Einsatz des Fremdkapitals also verringert.

Warum lässt das Fremdkapital einen dennoch häufig so profitabel werden?

Dies kann nun anhand der **Eigenkapitalrendite** dargestellt werden. 9.000 € werden nach der Formel verhundertfacht und durch das beigetragene Eigenkapital geteilt. Hier müssen allerdings 50.000 Euro eingesetzt werden, denn dieser Betrag entspricht nun dem selbst beigesteuerten Betrag. 900.000 : 50.000 = 18. Damit beträgt die **Eigenkapitalrendite 18 %**, was beinahe einer **Verdoppelung** der erst besagten Rendite entspricht.

Mit der Hälfte des Eigenkapitals wurde ein ***beinahe identischer Gewinn*** gemacht, wenn man es mit der Finanzierung mit dem Eigenkapital vergleicht. Man hat also redensartlich *„mehr von seinem Geld“*.

Entscheidend war für dieses positive Beispiel, dass dic ***Zinskosten den Ertrag der Investition nicht überstiegen haben***, denn nur dann kann von einem **positiven Leverage-Effekt** gesprochen werden.

Dieses Beispiel zeigt also, wie ausschlaggebend eine Variable für eine Formel sein kann. Diese Variable kann den besagten Hebeleffekt bewirken und die Rechnung komplett verändern.

Es gibt allerdings auch **negative Leverage-Effekte**. Würde der Zinssatz beispielsweise 11 % statt 2 % betragen, läge der Zinsbetrag an die Bank bei 11.000 Euro.

Wird dann lediglich ein Gewinn von 10.000 Euro erwirtschaftet, ist das eben beschriebene eingetreten: ***Die Höhe der Zinsen übersteigt den Gewinn***.

Der Leverage-Effekt ist nur einer von vielen Effekten, die du kennen solltest, wenn du dich **sicher und professionell in der Immobilienbranche** bewegen möchtest. Gelingt dir dies aber zu einem Zeitpunkt, steht einem erfolgreichen Aufbau eines passiven Einkommens nichts mehr im Wege.

❖ Aktien / ETFs

Auch bei diesem Beispiel handelt es sich um eine Option, für die bereits **vorhandenes Eigenkapital wichtig und elementar** ist.

Aktien sind schon seit jeher eine Methode, um eben **vorhandenes Kapital** mit dem entsprechenden **Vorwissen**, etwas **Erfahrung** und **Glück** zu vermehren.

ETFs sind in diesem Zusammenhang auch zu erwähnen. ETF steht dabei für ***exchange-traded fund***. Es geht daher um **Fonds**, die bekanntlich **an der Börse** behandelt werden. Normalerweise sind es **Investmentfonds**, die über den Sekundärmarkt an der Börse über den Tisch gehen.

Neben den angesprochenen Eigenschaften, also **Know-how, Erfahrung und Glück**, kann der **Rat eines Experten** an der Börse nie schaden, denn sonst kann man hier nicht nur sein Geld vermehren, sondern auch ***einiges verlieren***.

Zumeist bilden die angesprochenen ETFs Aktienindizes ab. Dabei kann es sich um den **DAX**, also um den ***Deutschen Aktienindex***, aber auch um den ***Weltaktienindex*** **MSCI World** handeln.

Experten der Branche haben den Begriff, das Phänomen ETF aber noch weiter untergliedert. In diesem Zusammenhang wird von *physischen und synthetischen ETFs* gesprochen.

Physische ETFs zeichnen sich dadurch aus, dass sie einen ***großen Teil der Aktien des gewählten Index einkaufen***.

Synthetische ETFs lassen sich die Wertentwicklung eines Index hingegen von einem ***Kreditinstitut*** zusichern.

Große und bekannte Anbieter solcher ETFs sind beispielsweise ***db x-trackers*** oder ***iShares***.

Dass der deutsche ETF-Markt nicht unerheblich und unwichtig ist, zeigen die Zahlen. Der **deutsche ETF-Markt** ist nämlich stolze ***400 Milliarden Euro*** schwer, zumal 300 Milliarden Euro davon auf die besagten Aktienindizes zufallen. Der Rest des genannten Betrages wird von *Renten- und Rohstoffindizes* abgedeckt, aber auch auf sonstige, eher unbedeutende Indizes.

Sind die **ETFs gut ausgewählt**, weil du dich mit diesem Thema gut auskennst, oder einen Experten zur Hand hast, der dich gut berät, hast du die Chance, für eine passable ***Einkommensquelle*** zu sorgen.

Es handelt sich um eine gute **Anlagemöglichkeit** für verschiedenste Einkommensquellen. Hier sind beispielsweise ***Dividendenzahlungen aus Aktien***, aber auch ***Ausschüttungen aus anderen Vermögenswerten*** (Staatsanleihen, Immobilien) zu nennen. Das ETF wird dafür sorgen, dass die Vermögenswerte gestreut werden. Auf diese Weise werden viele **einzelne Investments** getätigt. Diese Investments werden *anhand der Index-Kriterien überprüft und, wenn nötig auch ausgetauscht.*

Solltest du nur **wenige ETFs kaufen und gleichzeitig wenige Einzelaktien**, kann dies einige Vorteile für dich haben: Es wird einerseits ***kostengünstiger*** und andererseits ***pflegeleichter*** für dich, ein Ertragsdepot umzusetzen. Außerdem sinkt bei dieser Variante auch das ***Risiko auf Verluste***. Verglichen mit aktiven Fonds sind ETFs außerdem ***preiswerter***.

Folglich musst du weniger investieren und hast am Ende mehr Kapital übrig. Dafür benötigst du aber auch etwas ***Glück*** und ***gute Sparraten***, um mit passiven ETF-Sparplänen ein Dividendenvermögen aufbauen zu können.

Allerdings gibt es auch bei diesem Geschäft einige **Parameter und Variablen**, die sich nur schwer vorhersagen lassen und daher **unberechenbar** sein können. Hier sind die ***durchschnittliche Dividendenrate***, die ***langfristige Entwicklung*** des Kurses, die ***Inflation***, aber auch die ***Steuerpolitik*** des Staates zu nennen.

Ausschüttungen aus diesem Geschäft müssen ***regelmäßig reinvestiert***, die Anteile müssen hin und wieder ***verkauft*** werden, denn sonst kann das Geschäft etwas zu passiv werden, sprich, der Ertrag fällt sonst sehr gering aus. Die angesprochenen ***Spar-Raten*** sind mitunter sehr schwer zu erreichen.

Setzt du hingegen auf den **Aufbau von Dividenden**, ist es zu empfehlen, dass dein ***vorhandenes Kapital*** schon etwas höher ist und du nicht gerade unbedingt noch dabei bist, es aufzubauen.

Sollte es dir allerdings gefallen, ist natürlich auch dieses Investment möglich und eine ***Option*** für dich, wenn du nebenher vielleicht auch noch andere passive Einkommensquellen hast, aus denen du etwas schöpfen kannst.

Ein **hohes Kapital** ist eine notwendige Bedingung, um **passable Dividendenauszahlungen** zu generieren. Soll die Dividende letzten Endes, als am Ende des Monats beispielsweise, 2.000 € netto betragen und liegt die jährliche Rendite bei etwa 5 %, dann ist ein Kapital von 480.000 € vonnöten. Das ist eine stolze

Summe, die du, als jüngerer Mensch, *höchstwahrscheinlich nicht einfach so parat haben wirst.*

Sobald Dividendenerträge ausgezahlt werden, fallen außerdem **Steuerzahlungen** an. In diesem Fall kann nicht vollumfänglich vom Zinseszinseffekt profitiert werden. Investierst du hingegen in ein Unternehmen, welches die Aktien letztlich zurückkauft, entfällt die zu verrichtende Steuer.

Solltest du allein von Dividendenerträgen leben wollen, solltest du im Übrigen allein schon deshalb etwas Kapital angespart haben, weil die ***Ausschüttung von ETFs nur vierteljährlich*** erfolgt.

Bei Aktien ist eine ***jährliche Dividendenausschüttung*** sogar noch üblicher. In diesem Fall müsstest du mit deinem passiven Einkommen ein ganzes Jahr überbrücken, bis du wieder auf die Erträge des Aktiengeschäfts zurückgreifen kannst.

Damit Dividendenstrategien umgesetzt werden können, gibt es übrigens eine ganze Reihe von **Dividenden-Indizes**. Aufgrund der ***vorhandenen Risikostreuung*** sind hier vor allem **globale Indizes** zu empfehlen. Wer einmalig einen etwas höheren Betrag auszahlt oder einen ausgehandelten Sparplan bedient, hat gute Chancen, sich mithilfe eines ETF-Sparplanes ein *passables passives Einkommen* aufzubauen.

Sofern dir diese Erläuterungen schon etwas zu weit gehen und dich eher fragend zurücklassen, dann ist das wohl ein sicheres Zeichen, dass du für den Einstieg in diverse Aktiengeschäfte noch nicht gewappnet bist.

Know-how ist in diesem Zusammenhang und in dieser Branche wie gesagt besonders wichtig, um mit Begriffen wie ETFs, Dividenden etc. gut hantieren zu können.

Die **Dividende**, solltest du diesen Begriff noch nicht kennen, bezeichnet den ***Teil eines Gewinns, den eine Aktiengesellschaft an die Aktionäre ausschüttet***. Der Staat bezeichnet die Dividende als auszuschüttender Betrag.

Wissen und Vorwissen sind auf diesem Gebiet **notwendig**, um sich nicht zu verspekulieren. Damit sich ein Investment an einem Tag bezahlt macht, ist immer eine anfängliche Arbeit, ein **erster Aufwand** vonnöten. Dies kann die ***Erfahrung*** sein oder das ***Wissen***, welches vonnöten ist, um sich in der Branche entsprechend auszukennen. Es kann aber auch die Arbeit sein, die überhaupt im Vordergrund steht, damit ***genügend Kapital*** für die Geschäfte vorhanden ist.

Dieser Text sollte dir jedenfalls erste Grundlagen vermittelt haben. Unter anderem auch die Beschreibung des ***Leverage-Effekts***, welche dir zeigt, wie schnell etwas in der Welt der Finanzen verloren gehen kann, wie schnell und rasant aber auch Gewinne möglich sind.

Diese beiden erstgenannten Beispiele sind **zwei klassische Beispiele** für passives Einkommen, für die das ***Vorhandensein von Kapital*** in der Regel unabdingbar ist.

❖ Unternehmensbeteiligungen

Der Begriff beschreibt bereits eine Variante, um an ein passives Einkommen zu kommen: die **Beteiligung an, vorzugsweise erfolgreichen, Unternehmen**. Die bekannteste Form dieser Beteiligung ist wiederum die **Aktie**, über die im Vorhinein ja schon etwas geschrieben wurde.

Wir leben in einer **Welt der boomenden Start-up-Unternehmen**, in der es mittlerweile schon diverse TV-Shows darüber gibt und welche zeigen, wie Unternehmer am perfekten Unternehmen arbeiten. Wer in dieser hektischen, aber auch spannenden Welt das richtige Näschen und Wissen parat hat, kann ***auf das richtige Schäfchen setzen***. *Ein Unternehmen, das sich rasant entwickelt und das einen langfristig reich macht.*

Doch natürlich gibt es auch hier eine Fallhöhe, sobald der Erfolg des Unternehmens ausbleibt oder zu viel riskiert wurde. Daher sind auch hier die **Branchenkenner** gefragt. Auch diese Variante, um an ein passives Einkommen zu verdienen, ist am ehesten für Menschen geeignet, die ***bereits Kapital besitzen*** und daran interessiert sind, es zu vermehren.

❖ Kryptowährungen

Kryptowährungen stellen **digitales, sprich virtuelles Geld** dar. Die erste und zugleich bekannteste Kryptowährung ist **Bitcoin**. Hast du vor, in diese Branche einzusteigen und Geschäfte rund um die virtuellen Währungen abzuwickeln, solltest du Kontakt zu einem ***etablierten Broker*** aufnehmen.

Die Devise der vorherigen Beispiele gilt natürlich auch hier: Anfänger oder Amateure sollten keine Dummheiten begehen und sich auch nicht von ***scheinheiligen Pseudo-Experten*** auf seltsame Deals und Geschäfte einlassen.

Geduld ist außerdem vonnöten, bis irgendwann mehr investiert werden kann. Manche guten Broker bieten eine Art ***Demo-Modus*** an. In diesem Modus kannst du dich ausprobieren und zugleich simulieren, wie der ***Handel mit Kryptowährungen*** in der Praxis ablaufen kann. Dabei kannst du kein Geld verlieren, aber auch keines gewinnen.

Online

Damit wurden einige Beispiele genannt, die **Vorwissen** benötigen, aber vor allem mit **vorhandenem Kapital** in Verbindung stehen. Außerdem wurden Möglichkeiten genannt, die **offline** durchgeführt werden können, zumal Aktienhandel natürlich auch stark mit Computern in Verbindung steht.

Die folgenden Möglichkeiten sind allerdings absolute **Online-Themen**. Die Fülle und Bandbreite an Möglichkeiten zeigt dir, dass es online ***eine Reihe von Optionen*** gibt, um an Geld zu kommen und das auch ***langfristig*** gesehen. Mit Sicherheit ist auch die eine oder andere Methode für dich dabei, *die für deine Zukunft interessant sein könnte.*

Online kann die Arbeit **einfacher** und **schneller** funktionieren und ablaufen, demnach kann auch das Geld schneller verdient werden. Für viele Menschen sind diese standortspezifischen, da **standortunabhängigen Vorteile** sehr wichtig, weshalb sie sich für Online-Methoden entscheiden.

❖ Amazon (FBA, Taschenbuch-Business)

Wenn es um passives Einkommen im Internet geht, dann darf ein Gigant in dieser Liste nicht fehlen: **Amazon** nämlich. Das US-amerikanische Unternehmen bietet für Interessierte ***neuartige und moderne Möglichkeiten***, um seine eigenen Ideen zu verwirklichen und um damit ein ***passives Einkommen*** aufzubauen.

Damit gewährt Amazon einem die große Chance, welche im Vorlauf aufgegriffen wurde. Es geht hier letztlich nicht nur darum, nebenbei Geld zu verdienen, sondern auch darum, die eigenen **Träume zu verwirklichen**.

Dies ist mithilfe des sogenannten **FBA (Fulfillment by Amazon)**, sprich mit dem **Taschenbuch-Business** möglich. Diese Variante dürfte für dich geeignet sein, sofern du an ***schriftstellerischen Tätig-***

keiten interessiert bist, gerne Texte verfasst und schreibst. Dabei kann es sich um Journalismus-Studenten handeln oder generell um Menschen, die sich für kreatives Schreiben interessieren.

Wir alle benutzen Amazon vermutlich oder haben die Dienste des Giganten schon einmal benutzt. Meistens in dem Zusammenhang, dass wir *verschiedenste Objekte erwerben* wollen und diese mit einem Knopfdruck v*or unsere Haustür befördern lassen* können.

Natürlich ist es auch möglich, Objekte der eigenen Wahl mithilfe von Amazon zu *verkaufen.* Langfristig wirst du damit aber wahrscheinlich keinen Erfolg haben, sofern es sich um private Güter handelt, denn irgendwann wirst du alles Unnötige und Überflüssige in deinem Besitz vermutlich verkauft haben.

Wenn du ein Geschäftsmann bist oder werden willst, bieten sich hingegen neue Möglichkeiten. Dann nämlich, wenn du ein **Business aufbauen** willst und die **Produkte**, die du in der Folge selbst herstellst, **verkaufen** möchtest. In diesem Fall kann Amazon nämlich als ***Abnehmer und Zwischenhändler*** fungieren.

Das funktioniert, einfach erklärt, so: Du bist mit deinem Unternehmen für die **Produktion der bestimmten Ware** verantwortlich und trägst auch dafür die **Verantwortung**, dass für die Qualität des Produkts garantiert wird. Du übernimmst die **Haftung**, sollte dieser Qualitätsstandard nicht gegeben sein.

Auch andere Aufgaben müssen in diesem Fall von dir übernommen werden und werden demnach nicht von Amazon getragen: **Produktrecherche, Kundenservice, eventuell die Herstellersuche**.

Welches Produkt möchtest du überhaupt verkaufen? Welche Produkte kommen an? Wie sieht der Markt aus? Was benötigt der Markt? Wie werden die Kunden beraten, wenn es Fragen gibt? Wer stellt mir meine eigenen Produkte her, wenn ich selbst nicht für die Produktion sorgen kann?

Diese Fragen müssen in jedem Fall von dir **eigenverantwortlich** beantwortet werden.

Dennoch gibt es weitere wichtige Aspekte im Rahmen einer Produktion, die wiederum **Amazon** für dich übernehmen würde. Der **logistische Aspekt der Prozesskette** ist hier beispielsweise zu nennen. Die ***Sende- und Rücksendeprozesse*** im Zusammenhang mit den kaufenden Kunden, die entsprechende ***Lagerung*** der Produkte, welche natürlich auch überaus wichtig ist und dir somit Platzersparnisse ermöglicht.

Mit diesem System hast du als Unternehmer potenziell die Chance, **dein Produkt bekanntzumachen**. Auch hier handelt es sich um ein Unternehmen, welches natürlich ***kapitalintensiv*** sein kann und auch ***nicht ohne Risiken*** abläuft.

Der **Erfolg** deiner Produktion sollte sich *möglichst bald* einstellen und ein *gewisses Ausmaß* erreichen, denn wie du dir vorstellen kannst, übernimmt Amazon die angesprochenen Produktionsschritte nicht kostenlos für dich. Du musst **Gebühren**

an Amazon verrichten und diese sind nicht unerheblich. ***Kenntnisse als Unternehmer*** sind hier also erforderlich. Du solltest wissen, ob du von Amazon und mithilfe von Amazon dauerhaft profitieren kannst.

Die zweite Möglichkeit, die Amazon bietet, stellt das besagte **E-Book-Business** für Autoren und Schreib-Begabte dar. Hast du etwas zu schreiben, das ***für die breite Masse interessant*** sein kann, so bietet dir Amazon den entsprechenden Markt, um deine Werke anzubieten.

Auch hier will Amazon an einem möglichen Erfolg natürlich ***beteiligt*** werden. Es müssen nicht unbedingt hohe Erträge sein, die du aus diesem Zweig gewinnst, doch ist das schließlich auch nicht das zwingende Merkmal eines passiven Einkommens.

Langfristig kannst du mit dieser Variante auf jeden Fall etwas verdienen, denn E-Books und sonstige Produkte dieser Art müssen ***nur einmal geschrieben*** werden, können dann im Anschluss theoretisch aber ***unendlich lang verkauft*** werden.

❖ Dropshipping

Dropshipping ist das englische Wort für **Streckengeschäft**. Diese Streckengeschäfte stellen eine besondere ***Art des Handels*** dar.

Das Geschäft zeichnet sich dadurch aus, dass der **Kunde** im ersten Schritt eine Ware bestellt. Der **Händler** erwirbt die gewünschte Ware schließlich von seinem **Lieferanten** und verkauft sie dann an den Kunden weiter.

Das Kennzeichnende darin ist der Fakt, dass der **Händler nie physischen Kontakt zur verkauften Ware aufnimmt** bzw. aufgenommen hat. Damit wird die *Ware vom Hersteller*, also dem Großhändler, der mit dem Verkäufer in Verbindung steht, *an den Kunden geschickt*.

Für den angesprochenen Händler, vielleicht dich, hat das gleich mehrere **Vorteile**: Du sparst dir beispielsweise ***Lager- und Versandkosten***. Diese Kosten sind keineswegs unerheblich. Überlege dir, wie viel Geld Unternehmen sparen würden, wenn sie nicht für das Lagern von Produkten sorgen müssten.

Auch der **Versand** trägt einiges zu den ***Kosten*** einer Produktionskette bei, weshalb das Sparpotenzial hier ebenfalls groß ist.

Außerdem spart man durch diesen Ablauf der Ereignisse **Zeit**, was vor allem dem Kunden gefallen wird. Schließlich will er seine Ware, die er im Internet bestellt, ***schnellstmöglich in Empfang nehmen***.

Der Händler, vielleicht bist es ja bald du, spart sich aber nicht nur Lagerkosten und damit eine kostenintensive Lagerfläche, sondern auch **Personalkosten**. Denn durch die ausbleibende Lagerung und durch den Versand, der ***extern delegiert*** wird, kann man sich einiges an Personal sparen.

Dieses Personal muss sich im Prinzip nur um den **Kundenservice** kümmern, vielleicht sind noch **Experten** vonnöten, die sich um anfängliche Prozesse der Recherche kümmern.

Das **Verkaufsrisiko des Händlers** wird ebenfalls **drastisch gesenkt**, denn in diesem Fall werden nur die Waren vom Großhändler angekauft, die auch wirklich bestellt, also gekauft wurden. Der Händler kann dadurch eine **breitere Palette an Produkten** anbieten, da er durch die ausbleibende Lagerung ja keine Sorgen haben muss, dass bestimmte Produkte nicht verkauft werden und dadurch ein finanzieller Schaden entsteht.

Produktvielfalt ist ein weiteres ausschlaggebendes Argument, das Kunden von einem Kauf von deinen Produkten überzeugen könnte, sofern du dich als Geschäftsmann und Unternehmer für das ***Konzept des Dropshipping*** entscheiden möchtest.

An dieser Stelle sollen aber auch die möglichen **Nachteile und Risiken** nicht unerwähnt bleiben, die das Dropshipping mit sich bringt. Ein Risikofaktor besteht im **Verhältnis zum angesprochenen Großhändler bzw. Produzent**, denn dieses Verhältnis muss wirklich tadellos und von blindem ***Vertrauen*** geprägt sein. Ihr müsst, womöglich über eine gewisse Distanz, kooperieren, Hand in Hand zusammenarbeiten.

Du hast dabei das **Problem**, dass du auf den eigentlichen *Prozess der Lagerung*, auf den *Prozess des Versands*, vielleicht sogar auf die *Produktion* ***keinen Einfluss*** nehmen kannst. Daher musst du dich auf den Produzenten und auch auf deinen Partner ***blind verlassen*** können. Damit ist der besagte Partner auch größtenteils für die spätere ***Kundenzufriedenheit*** zuständig, weshalb du dich ebenfalls auf den reibungslosen Ablauf der Produktion verlassen musst.

Du wirst mit **verhältnismäßig geringem finanziellen Aufwand** Dropshipping betreiben können. Dafür wirst du allerdings auch in Kauf nehmen müssen, dass die **Gewinnspanne** beim Dropshipping zumeist **bescheiden** ist. Auch das liegt wiederum am ***Großhändler***, der einen entscheidenden Anteil am Erfolg hat und dafür entsprechend entlohnt werden möchte.

Gleichzeitig kannst du den **Preis** nur bedingt nach oben schrauben, denn Kunden wollen für ein Produkt sicherlich *nicht automatisch oder freiwillig mehr zahlen*, nur weil zwei Parteien in den Prozess involviert sind.

Wenn es um **Dropshipping** geht, können noch **zwei spezielle Varianten** unterschieden werden, welche hier ebenfalls kurz vorgestellt werden sollen.

Variante A könnte es vorsehen, dass du als **Zwischenhändler** eine Ware vermittelst, die eigentlich in China angeboten wird. Diese Variante bietet sich für dich beispielsweise an, wenn du ursprünglich aus China kommst, daher die ***Sprache***

sprichst, die ***Kultur*** kennst und du dich auf einem entsprechenden ***Markt*** bzw. auf einem bestimmten Gebiet sehr gut auskennst.

Ein Kunde aus Europa wird sich schließlich kaum auf dem asiatischen Markt umschauen, wenn er ein bestimmtes Produkt haben möchte, da er der Sprache schon allein nicht mächtig ist. An dieser Stelle könntest du ins Spiel kommen und als ***Mittler*** agieren.

Als ein solcher Mittler kannst du ebenfalls davon profitieren, dass dir chinesische Unternehmen **Rabatte** anbieten werden, damit du als Zwischenhändler deren Waren in Europa ***präsentierst und bekannt machst***.

Deine **Gewinnspanne** wird sich schließlich daraus ergeben, *wie billig du bestimmte Produkte aus China einkaufen konntest und wie vergleichsweise teuer du sie in Deutschland an den Mann oder an die Frau bekommst.*

Natürlich ist das Dropshipping **universell** möglich. Es kann sich folglich um Produkte aus beliebigen Ländern handeln und damit nicht unbedingt um Länder aus Asien. Auch hier ist ***Vertrauen*** natürlich wieder ein geflügeltes Wort. In diesem Fall sollte deine Beziehung zum chinesischen Produzenten äußerst vertrauensvoll sein, denn *sollte es zu Problemen in eurer Beziehung kommen, wirst du als Verkäufer schnell Probleme bekommen.*

Welche Produkte solltest du verkaufen?

Das ist eine pauschal schwer zu beantwortende Frage. Allerdings empfehle ich dir **Produkte, die selten reklamiert werden** bzw. bei denen Reklamationen allgemein unwahrscheinlich sind. Denn sollte es zu Reklamationen kommen, kann es vorkommen, dass dein Partner, sofern er beispielsweise aus China kommt, *die Ware nicht zurücknehmen möchte, sobald sie einmal nach Deutschland versandt wurde.*

Daraus ergibt sich gleich ein weiterer **Nachteil** bzw. Umstand, der berücksichtigt werden sollte: die ***Wartezeit***. Kunden nehmen eine entsprechende Wartezeit nur dann in Kauf, wenn der ***Preis entsprechend attraktiv*** ist. Auch in dieser Hinsicht sind **Kenntnisse des entsprechenden Marktes** also sehr wichtig, damit die Produktions- und Preispolitik mit dem Dropshipping gelingen kann.

Diese **Variante A** beschäftigt sich also mit **externen Märkten** und mit einer **Mittler-Funktion**, die du einnehmen kannst.

Die **Variante B**, die ebenfalls mit dem Dropshipping in Verbindung steht und sehr beliebt ist, ist das sogenannte **Print-on-Demand**, sprich das **T-Shirt-Business**. Dabei ist hier wieder dasselbe Konzept aktiv.

Auch das **T-Shirt-Business** funktioniert also so, wie das Dropshipping bereits beschrieben und erklärt wurde, nur geht es in diesem Fall eben um bestimmte Produkte, nämlich um **Shirts bzw. Kleider generell**.

Mithilfe dieser Variante hast du die Möglichkeit, ***exklusive T-Shirts und Motive*** zu entwerfen, die dann in die Tat umgesetzt und verkauft werden. Auch hier kannst du mit **einer Reihe von Ersparnissen** rechnen:

Du sparst dir die ***Druckkosten*** für die Shirts und auch hier musst du keine Verantwortung für die ***Lagerung*** übernehmen, da die Lagerung wieder von einem Großhändler übernommen wird. *Die Shirts werden auch in diesem Fall wieder nur dann gedruckt, wenn die Nachfrage konkret ist,* der Wunsch zum Kauf also eingegangen ist. Auf diese Weise wird die Produktion wieder ***effizient*** gehalten, denn schließlich wird nichts umsonst produziert.

Das ermöglicht dir wiederum die Chance, **Experimente** zu wagen, indem du viele neue Dinge ausprobierst, beispielsweise indem du viele ***Entwürfe*** erstellst, um das Richtige für deine Kundschaft zu erschaffen. Du bist in dieser Hinsicht von niemandem abhängig, außer von den ***Wün-***

schen deiner Kunden, auf die du sofort und umgehend eingehen kannst.

Feedback kann also sofort in den Produktionsprozess integriert werden, indem du dein ***Produktportfolio*** entsprechend anpasst.

Typisch für das Dropshipping ist auch bei dieser Variante B, dass das **Verhältnis** zwischen dir und dem Produzenten **einwandfrei** sein sollte. Dieser Partner ist für die ***Qualität der Waren*** verantwortlich, die bei Kleidern natürlich besonders wichtig ist. Auf diesen entscheidenden Faktor kannst du wiederum ***nur wenig Einfluss*** ausüben, weil du ja „nur" für Recherche und Entwürfe verantwortlich bist.

Auch hier sind logischerweise **Abgaben an den Händler** zu leisten, weshalb die Gewinnspanne auch hier überschaubar bleiben wird. Dennoch ist es mithilfe des T-Shirt-Business möglich, ein passives Einkommen aufzubauen und gleichzeitig womöglich seinen Traum zu verwirklichen, wenn man ***kreativ*** ist und die ***Welt der Mode*** liebt.

❖ Affiliate Marketing

Wenn du mehr über den Begriff des passiven Einkommens erfahren möchtest und gleichzeitig Optionen kennenlernen willst, dieses passive Einkommen online aufzubauen, dann solltest du den Begriff des **Affiliate Marketings** kennenlernen. Daher soll dir dieser Begriff nun etwas nähergebracht werden.

Es handelt sich um einen modernen und dennoch bereits weit verbreiteten Begriff. Man könnte Affiliate Marketing als **internetbasiertes Provisionssystem** bezeichnen.

Affiliate Marketing ist in gewisser Weise eine Art **Partnerprogramm** und funktioniert grundsätzlich wie folgt: Stell dir vor, du bist der Betreiber eines ***Online-Shops*** und vertreibst über diesen Shop bestimmte Produkte. Du besitzt nun einen ***Geschäftspartner, den sogenannten Affiliate***. Dieser Partner betreibt eine Website und schaltet auf dieser Website Werbung für einen Shop. Er schickt die Besucher seiner Seite beispielsweise zu deinem

Shop, indem er einen entsprechenden ***Link zum Shop*** auf seiner Seite platziert hat.

Je nachdem, wie viele Menschen dieses Angebot dann genutzt haben, erhält der Affiliate eine **vorher vereinbarte Provision**. Im Klartext heißt das, dass der Partner umso mehr verdient, je mehr Menschen den entsprechenden Link angeklickt haben. Vergrößert er die ***Anzahl der Website-Besucher*** kann er somit automatisch dafür sorgen, dass auch ***seine Provision wächst***, sofern die Website-Besucher dann auch auf den entsprechenden Link klicken.

Dies wäre jedenfalls Affiliate Marketing, welches dem **Modell „Pay per Click“** entsprechen würde. In diesem Fall wird die ***Provision über die Anzahl der Klicks*** abgerechnet.

Soll die Partnerschaft für dich als Online-Shop-Betreiber noch etwas effektiver und sinnvoller werden, kannst du dich auch für ein Modell nach dem **Schema „Pay per Sale“** entscheiden. In diesem Fall erhält der Partner nicht dann eine Provision, wenn Besucher auf den Link zu deinem Shop geklickt haben, sondern nur dann, wenn sie im Anschluss auch ***etwas im Shop gekauft haben***. Diese Form des Marketings wäre für dich natürlich wertvoller, da der Werbepartner durch sein Angebot ***direkt zu deinem Erfolg beigetragen*** hat.

Weitere Formen dieses Marketing sind beispielsweise **Pay per Link**, aber auch **Pay per Install** *(Abrechnung nach Anzahl der Installationen)* oder **Pay per SignUp** *(Provision ist abhängig von der Zahl an Anmeldungen*, beispielsweise in einem Forum) sind möglich.

Affiliate Marketing kann auch und vor allem mit sogenannten **Nischenseiten** betrieben werden. Nischenseiten sind in der Regel kleinere Seiten, die einen ***klaren thematischen Schwerpunkt*** und Fokus haben bzw. verfolgen. Das Thema der Seite richtet sich an eine ***klar definierte, zumeist nicht allzu große Zielgruppe***.

Mit solchen Nischenseiten werden überwiegend **monetäre Zwecke** verfolgt. Im Vorfeld wurden daher meistens schon ***Analysen*** getätigt, um herauszufinden, mit welcher Seite, zu welchem Thema sich Geld verdienen lässt.

Um eine solche Nischenseite zu betreiben, muss in der Regel ***wenig Aufwand*** geleistet werden. Zudem ist eine ***gezielte Vermarktung*** aufgrund der ***klar definierten Zielgruppe*** möglich. Handelt die Seite beispielsweise von Benzinrasenmähern, könnte die Zielgruppe wie folgt aussehen: *Männer zwischen 25 und 35 Jahren.*

Affiliate Marketing kann aber auch mithilfe von **Facebook Advertising** in die Tat umgesetzt werden. Allgemein ist **SEO** in diesem Zusammenhang ein wichtiges Thema.

SEO, also die ***Optimierung von Suchmaschinen bzw. deren Ergebnissen*** beschäftigt sich allgemein damit, wie Texte oder Inhalte so optimiert werden können, damit sie ***für Suchmaschinen, vorwiegend Google, relevanter werden***.

In diesem Kontext sind auch die sogenannten **Keywords** relevant. Das sind bestimmte Wörter, die auf der eigenen Seite häufiger verwendet werden, weil sie für die ***entsprechenden Suchanfragen der potenziellen Kunden*** besonders relevant sind.

Im Falle von **Facebook** schaltet das soziale Netzwerk also ***Werbeanzeigen*** für dich, die sich positiv für dich auswirken können, wenn du über das soziale Netzwerk wirbst, was natürlich ***viele potenzielle Kunden*** beheimaten kann.

❖ Digitale Infoprodukte

Wer ***schriftstellerisch begabt*** ist oder gerne eigene schriftliche Werke veröffentlicht, der muss in puncto passives Einkommen ***nicht nur auf Amazon und das E-Book-Business*** zurückgreifen. Allgemein stellen digitale Infoprodukte Möglichkeiten dar, um sich ein passives Einkommen anzuhäufen.

Digitale Infoprodukte, das können ***E-Books***, ***Online-Kurse***, aber beispielsweise auch ***Hörbücher*** sein.

Der Vorteil dieses Unternehmenszweigs liegt auf der Hand: Am Anfang steht zwar ein **Mehraufwand** im Vordergrund, da die besagten Produkte ja erst einmal produziert, sprich geschrieben, werden müssen. ***Arbeit und Zeit*** sind daher aufzuwenden, da ja auch die nötige ***Recherche*** dafür ansteht.

Diese Arbeit muss allerdings **nur einmal** verrichtet werden. Im Folgenden kann an diesen Produkten ***ewig verdient werden***, solange, wie diese Produkte eben gefragt sind und gekauft werden.

Sobald die Arbeit getan ist, geht es im nächsten Schritt nur noch darum, die **Reichweite** für das geschaffene Produkt zu erhöhen. Menschen müssen auf das geschriebene Produkt ***aufmerksam*** werden und sich letztlich ***für den Kauf entscheiden***.

Am wichtigsten ist es daher wohl, im Vorhinein **ausgiebig und gründlich zu analysieren**. Man sollte also nicht einfach blind los schreiben und sich einfach ein Thema aussuchen, dass einen selbst interessiert. Vielmehr ist es sinnvoll, ein *Thema auszuwählen, dass besonders viele Menschen interessiert*, reizt und zum Kauf veranlassen würde. Dafür gibt es bestimmte ***Analyse-Tools***, aber auch spezielle Agenturen, welche diese ***Recherche*** übernehmen können.

❖ Online-Business (Automatisierung und Skalierung)

Affiliate Marketing und **digitale Infoprodukte** sind zwei typische Möglichkeiten, um mit Online-Optionen passives Einkommen aufzubauen und daran auch ***langfristig*** zu verdienen.

Du musst dich allerdings nicht einschränken, indem du dich für eine der beiden Möglichkeiten entscheidest. *Theoretisch ist auch beides möglich.* Dann nämlich, wenn du dich nicht nur für Marketing oder für

Infoprodukte entscheidest, sondern **beides miteinander kombinierst**.

Das ist dann möglich, wenn du in das **Online-Business** einsteigst, sprich ein Unternehmen führst, welches sich mit einer ***Reihe von unterschiedlichen Online-Geschäften*** auseinandersetzt.

Wird dieses Unternehmen dann *professionell geführt und verwaltet,* besteht der große Vorteil eines Unternehmens unter anderem darin, dass es ***skaliert und automatisiert*** werden kann. Es besteht also grundsätzlich die Möglichkeit zur **Expansion**. Die ***Reichweite*** eines Produkts kann quasi ***unendlich vergrößert*** werden.

Das **Arbeitspensum** kann ebenfalls erhöht werden. Sollte das für dich allein nicht mehr zu stemmen sein, kannst du dir ***Mitarbeiter*** suchen, die für dich und dein Unternehmen arbeiten können. Dadurch werden gewisse Abläufe deiner ***Produktion automatisiert***.

Wachstum kann unter anderem aber auch dadurch online erreicht werden, indem **Kunden akquiriert** werden. Dies ist beispielsweise durch ***bezahlte Werbung*** möglich. Indem deine Seite oder dein Produkt **Viralität** ausstrahlt, wirst du ebenfalls ***Erfolg*** durch Online-Produkte erlangen.

YouTube-Videos und Postings in sozialen Netzwerken erfreuen sich nicht zuletzt deshalb großer **Beliebtheit**, weil sie in kürzester Zeit viral werden und ***Millionen von Klicks*** erreichen.

Des Weiteren kann deine Seite, dein Unternehmen von **SEO- bzw. Content-Marketing** profitieren. Indem du deine Inhalte also ***suchmaschinenoptimiert*** formulierst, ziehst du eine bestimmte Zielgruppe und eine bestimmte Kundschaft an.

Nicht zuletzt sind es die **Sales**, die zum Erfolg deines Online-Business beitragen können. Eine große ***Verkaufsmaschinerie*** also, solltest du denn etwas zu verkaufen haben.

Solltest du bereits ein Online-Unternehmen haben und solltest du dich speziell für das Thema **Automatisierung** interessieren, dann gibt es bestimmte ***Softwares und Programme***, welche diese Automatisierung leisten können. *Shop Lösungen, Marketing- und E-Mail-Software, Rechnungslösungen, Verkaufslösungen oder Marketing-Tools wie Google Ads* sind in diesem Zusammenhang exemplarisch zu nennen. Prozessmanagement kann durch Programme wie *Trello* übernommen werden.

Letzten Endes vereinen solche **Online-Unternehmen** also diverse Elemente, die im Zusammenhang mit passivem Einkommen und Online-Optionen schon vorgestellt wurden. ***Marketing, Suchmaschinenoptimierung, Infoprodukte*** etc. – es gibt kaum Online-Optionen, die nicht zu passivem Einkommen beitragen können und die sich nicht **zu einem großen Unternehmen kombinieren** lassen.

Dein Online-Unternehmen, das ein passives Einkommen generiert, könnte beispielsweise so aussehen, dass du eine ***Nischenseite*** für eine ***klar bestimmte und vorhandene Zielgruppe*** betreibst.

Du schaltest ***Affiliate Marketing***, indem du für andere Partner wirbst und somit Geld verdienst. Gleichzeitig könnten diese Partner aber auch für dich werben und somit für deine Kundschaft sorgen.

Du betreibst über deine Seite auch einen ***Online-Shop*** und kannst durch ***Sales*** somit umso mehr Einnahmen generieren.

Zum bestimmten Thema deiner Seite fertigst du ***digitale Infoprodukte*** an, die du ebenfalls über deine Seite, aber beispielsweise auch über ***Amazon*** vertreiben kannst.

Über deinen Shop kannst du beispielsweise auch ***Dropshipping*** betreiben. Je nachdem, wie schnell dein Unternehmen wächst, kannst du ***Personal*** einstellen oder verschiedene ***Softwares*** benutzen, um die Produktionsabläufe zu ***automatisieren***.

Schnelle Wege für ein passives Einkommen

Nachfolgend sollen noch kurz einige Wege dargestellt werden, wie passives Einkommen noch generiert werden kann, **ohne** dadurch womöglich allzu viel ***Zeit, Aufwand und Kapital*** investieren zu müssen.

Influencer-Marketing

Wir leben in einer Zeit der Influencer. Menschen scheinen sich heutzutage schnell und gern ***beeinflussen und inspirieren*** zu lassen.

Außerdem scheint es viele Menschen zu geben, die sich gern von Produkten und Unternehmen inspirieren lassen und daher für eben jene Produkte und Unternehmen ***Werbung*** machen.

Influencer wirst du, indem du eine ***bestimmte Meinung*** vertrittst, eine ***Marktlücke*** bedienst, die es so in dieser Form noch nicht gibt und indem du auf eine ***bestimmte Art und Weise auftrittst***, mit der du viele Menschen bewegst. Dies ist vor allem durch die ***sozialen Netzwerke*** *Facebook* und *Instagram*, vor allem aber auch durch *YouTube* möglich.

Bewegst du durch deine Meinung, Posts, Videos genug Menschen, werden ***entsprechende Unternehmen*** auf dich aufmerksam werden und dich womöglich einsetzen wollen, damit du auch für sie wirbst und ***Imagewerbung*** betreibst.

Verleih von Besitztümern

Heutzutage ist es sehr einfach, Besitztümer zu verleihen. Es gibt haufenweise ***Apps und Online-Seiten***, die dieses Vorhaben möglich machen. Dabei kann es sich um das eigene ***Auto***, um die eigene ***Wohnung***, aber auch nur um ***Bücher*** oder um andere Besitztümer handeln.

Prinzipiell kann alles an andere verliehen und damit Geld verdient werden. Solltest du häufiger verreisen und eine leer stehende Wohnung zur Verfügung haben, besteht hier natürlich eine besonders lukrative Möglichkeit für dich, um für ein ***passives Einkommen aus Mieteinnahmen*** zu sorgen. Aber auch ***Mitfahrgelegenheiten*** oder ***Fahrzeuge*** werden gern gesucht und angenommen.

Bannerwerbung

Werbung ist nach wie vor nicht nur online, sondern auch ***offline*** angesagt. Stehen dir ***Werbeflächen*** zur Verfügung, kannst du diese an bestimmte Unternehmen oder Unternehmer vermieten. Im Internet wirst du diverse ***Suchbörsen*** finden, die dir Unternehmer bzw. Unternehmen anzeigen werden, welche deine Werbeflächen nutzen wollen.

Dabei kann es sich beispielsweise auch um dein eigenes ***Auto*** handeln. Natürlich können Banner aber auch ***online*** geschaltet werden. Wenn du also eine eigene ***Website*** oder einen ***Blog*** betreibst, kannst du es auch hier mit Bannerwerbung versuchen, um dir so etwas dazu zu verdienen.

Automat und Grundstück

Etwas ausgefallener und doch mitunter eine Möglichkeit stellt der ***Automat auf dem eigenen Grundstück*** dar. Dafür müsstest du natürlich zunächst einmal ein ***Grundstück*** besitzen.

Wenn du nicht weißt, wie du dieses Grundstück sinnvoll und für deine Zwecke nutzen kannst, dann kannst du dort beispielsweise einen bestimmten ***Automaten*** platzieren. Es kann sich dabei um einen ***Geldautomaten*** handeln. Für die Platzierung und durch den Automaten selbst wirst du ***Einnahmen*** generieren.

YouTube-Kanal

Der YouTube-Kanal ist eine bewährte Methode, wenn durch das Internet Geld verdient werden soll, und wird heutzutage besonders von diversen ***Influencern*** erfolgreich genutzt.

Alles, was du brauchst, ist eine ***Videokamera***, etwas ***Zeit*** und eine ***gute Idee***. Diese Idee soll dir dabei helfen, möglichst viele interessierte Menschen vor deinen

Videos zu versammeln. *Du kannst etwas Ernstes oder Lustiges aus deinem Leben erzählen, Essen probieren oder sonstige Unternehmungen vor der Kamera anstellen.*

Video-Anzeigen, verschiedene Werbemaßnahmen, Hashtags können zusätzlich dazu beitragen, dass deine Videos angeschaut werden. Auf diese Weise kannst du ***Werbepartner*** finden oder YouTube belohnt dich, wenn du mit deinen Videos eine bestimmte Anzahl an Zuschauern erreichst.

Solaranlagen

Durch den Betrieb einer Solaranlage bist du automatisch zur Abgabe einer Steuererklärung verpflichtet. Nebenher kannst du aber auch die ***natürliche Energie der Sonne*** für deine Zwecke nutzen und dadurch auf ganz natürliche Art und Weise einen zusätzlichen Einkommensstrom generieren.

Produkttester

Im Internet gibt es reihenweise Seiten und Betreiber, die dich als Produkttester einsetzen wollen. In diesen Fällen lässt du ***diverse Produkte*** einfach zu dir nach Hause bestellen. Du testest diese Produkte dann, erstattest ausführlich ***Bericht*** über die Funktionsweise dieser Produkte und schickst sie schließlich an das Unternehmen zurück.

Daher handelt es sich um eine ***simple Art und Weise***, Geld zu verdienen. Gleichzeitig könntest du auch ***Spaß*** an dieser Methode haben, wenn dich die getesteten Produkte womöglich selbst interessieren oder begeistern.

Umfragen

Ähnlich wie mit Produkten verhält es sich auch mit Umfragen: *Meinungen sind gefragt* und sind für die ***Werbeforschung*** unerlässlich, damit neue Produkte gestaltet, entworfen und angefertigt werden können.

Die ***Meinungsforschung***, aber auch andere diverse Seiten und Anbieter im Internet suchen ständig nach Menschen, die ihre ***Meinungen und Erfahrungen*** in Umfragen zum Besten geben. Es gibt wohl nicht viele Methoden, die simpler sind, als diese Methode, anhand derer man Geld verdient, indem man *seine eigene Meinung äußert.*

Fotomodel

Diese Methode, um an ein passives Einkommen zu kommen, ist gewiss ***nicht für jedermann*** geeignet. Gewiss aber für diejenige oder denjenigen, der eine gewisse *Grundschönheit* besitzt und daher infrage kommt, um als Fotomodel auszuhelfen.

Bestimmte ***Agenturen*** können kontaktiert werden, wenn Fotomodels zu ganz verschiedenen Anlässen gesucht werden. Auf diese Weise knüpfst du ***Kontakte*** und verdienst nebenher Geld.

Cash Back-Programme

Auch das ist eine Möglichkeit, auch wenn sie dich vermutlich *nicht zum Millionär* macht. Es gibt in diversen Kaufhäusern regelmäßig ***Cash Back-Programme***, die dir ***Rabatte*** und ***finanzielle Boni*** versprechen, nachdem du eine gewisse Anzahl von Produkten gekauft hast.

Rabatte findest du beispielsweise auch häufig auf ***Kassenzetteln***. Auf diese Weise musst du nichts Außergewöhnliches tun und wirst am Ende dennoch in der Lage dazu sein, etwas zu sparen.

Die größten Fehler auf dem Weg zum passiven Einkommen und zur finanziellen Freiheit

Nun wurden dir also typische Möglichkeiten vorgestellt, anhand derer du für ein passives Einkommen sorgen kannst. Teilweise solltest du ***Kapital*** bereits vorhanden haben, teilweise kannst du für manche Varianten aber auch Anfänger oder Quereinsteiger sein. Teilweise sind die Varianten ***offline*** sinnvoll, teilweise handelt es sich aber auch um ***reine Online-Optionen***.

Was auch immer letzten Endes deinem Geschmack entsprechen mag – **Fehler** zu machen ist menschlich. Jeder Mensch macht Fehler und auch Menschen, die schon länger auf ein passives Einkommen zählen, *machen nach wie vor Fehler*.

Ein paar dieser typischen Fehler, die begangen werden, wenn ein passives Einkommen aufgebaut und finanzielle Freiheit erlangt werden soll, habe ich dir im Folgenden aufgelistet. Anhand dieser Liste kannst du dir einige ***Fehler bewusst machen***, im besten Fall vielleicht ***aktiv dagegen steuern*** und damit dafür sorgen, dass du dieselben Fehler nicht auch machst, solltest du dich denn inzwischen bzw. generell für ein passives Einkommen interessieren.

❖ Fehler 1:
Viel geplant, wenig umgesetzt

Menschen planen gern und auch künftige Unternehmer oder solche, die es schon sind, ***planen ausgiebig und detailliert***. Planungen sind in der Unternehmenswelt wichtig, denn ***Ziele und Vorhaben müssen klar definiert sein***.

Man kann es mit diesen Planungen aber auch **übertreiben**. In diesem Fall würde man einen **kapitalen Fehler** begehen. Denn viele sind in diesem Fall zu ***perfektionistisch***, haben ***unrealistische Erwartungen*** und scheitern in der Folge an ihrem Vorhaben, bevor sie es überhaupt wirklich in die Tat umgesetzt haben.

Dabei ***ergeben sich viele Dinge von selbst*** bzw. können sich Planungen erst als richtig oder falsch herausstellen, wenn man mit etwas beginnt. Andererseits ist es natürlich auch fatal, ***blind in ein Vorhaben zu starten***. In diesem Kontext macht es daher die **gesunde Mischung** aus.

❖ Fehler 2: Fehlendes Know-how, fehlende Hilfe

Solltest du dieser Lektüre halbwegs aufmerksam gefolgt sein, dann wirst du mehrfach auf den Satz gestoßen sein, dass du für den Aufbau und auch für die Verwaltung eines passiven Einkommens **Vorwissen und Expertisen** benötigst, denn niemand stürzt sich mal eben erfolgreich von heute auf morgen in ein ***völlig unbekanntes Business*** oder nähert sich einem ***völlig unbekannten Geschäftszweig***.

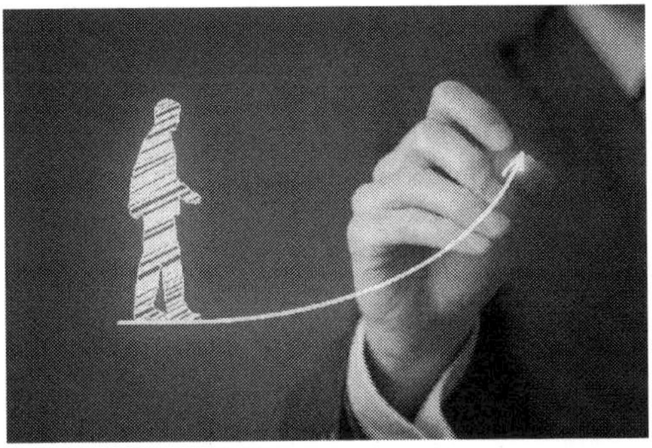

Es ist noch kein Meister vom Himmel gefallen und niemand kann von dir verlangen, auch nach dem Lesen dieser Lektüre alle Vor und Nachteile zu kennen, die ein passives Einkommen nach sich ziehen kann.

Spezielles Coaching und Hilfe von erfahrenen **Experten** sind daher vonnöten, um sich nicht völlig in dem zu verlieren, was man in die Tat umsetzen möchte.

Eigensinnigkeit und die ***Unfähigkeit, Hilfe zu suchen oder Hilfe anzunehmen***, sind also Gift, wenn es um passives Einkommen und um den Aufbau eines Zusatzverdienstes geht.

❖ Fehler 3: Fehlender Markt, zu hohe Identifikation

Oftmals werden gleich zwei beliebte Fehler miteinander vereint. Man ist eines Tages so **überzeugt** von einem Gedanken, von einer Idee, von einem Projekt, dass man es sofort und unverzüglich in die Tat umsetzen möchte. Ohne ausreichende ***Analysen*** und ohne wirklich ***recherchiert*** zu haben, wird das Projekt gestartet.

Dabei sollte man immer eine gewisse **Distanz** zum eigenen Vorhaben wagen, *auch wenn es besonders am Anfang schwerfallen kann.* Der Grund: Wer die Distanz zu sich und zum eigenen Projekt verliert, der verliert die Fähigkeit, kritisch zu sein und ***sein Handeln kritisch bewerten und hinterfragen*** zu können.

Natürlich muss eine gewisse **Identifikation** vorhanden sein, um sich und sein Projekt entsprechend repräsentieren zu können. Dennoch geht es eher um ***Management-Fähigkeiten*** und um ***rationale***

Dinge, wenn man ein Online-Business vernünftig führen möchte.

Daher ist es auch erforderlich, vor dem eigentlichen Start ausreichend zu analysieren. Der **Markt muss gründlich sondiert werden**, denn die eigene Idee kann sich noch so gut anfühlen, wenn der Markt mit diesem bestimmten Thema schon ***überlaufen und bedient*** ist.

Eine Idee, ein Unternehmen kann nur so gut sein, wie es der Markt hergibt. Nichts ist langweiliger als ein Projekt, dass es so oder so ähnlich schon 1000-mal gab oder gibt. ***Nachfrage bestimmt das Angebot und Angebot bestimmt die Nachfrage***. Die **Marktlücke** muss bedient werden, doch sie sollte nicht zu klein sein.

❖ Fehler 4: Planung zu kurzfristig

Bei Online-Unternehmen und bei Vorhaben, die ein passives Einkommen bescheren sollen, geht es stets um **langfristige Planungen**, so wie das *passive Einkom-*

men per definitionem ja auch langfristig wirken soll. Daher ist es notwendig, die nötige **Geduld** für das Gelingen des eigenen Projekts aufzubringen.

Gerade die anfängliche Zeit mit der passiven Einkommensquelle kann schwierig sein. Daher ist Geduld erforderlich, um wirklich absehen zu können, wie sich ein ***Projekt entwickelt***. Wenn Quellen bedient werden sollen, die Kapital voraussetzen, dann sollte dies natürlich auch in gewissem Ausmaß vorhanden sein, denn oftmals geht das Geld aus, weil Planungen zu kurzfristig getätigt wurden, obwohl ***Langfristigkeit in jeglicher Hinsicht ausschlaggebend und elementar*** ist.

❖ Fehler beim Online-Business

Speziell beim vorgestellten Online-Business besteht häufig die **Gefahr, zu lang zu planen**, aber letzten Endes **zu wenig von den eigenen Planungen umzusetzen**.

Letztlich müssen ***Nischen und Marktlücken*** bedient werden, ***Traffic*** ist ebenfalls entscheidend, damit durch die eigene Seite etwas verdient werden kann. Auch in dieser Hinsicht wird **Geduld** häufig vernachlässigt.

Ein weiterer Fehler besteht häufig darin, ***vieles gleichzeitig zu wollen***. Dabei ist es zielführender und effektiver, sich auf **eine klare Idee** einzulassen und sich auf das Umsetzen dieser Idee zu konzentrieren.

Menschen wollen **Problemlöser** und daher sollte man sich als Online-Geschäftsmann damit beschäftigen, ***Probleme für Menschen zu lösen***, auch wenn diese Probleme vielleicht gar nicht so gravierend sein oder aussehen mögen.

Wer dies beherzigt, sorgt nicht nur auf erfolgreiche Art und Weise für ein **passives Einkommen**, sondern **verbessert das Leben anderer Menschen** und macht sich dadurch gleich zwei Mal **glücklich**.

Fazit und persönliche Empfehlung

Nun solltet ihr einiges über das **passive Einkommen** und die ganz eigenen **Eigenheiten** gelernt haben. Es war sicherlich nicht alles, was es über das passive Einkommen zu wissen gilt. *Doch wann hat man schließlich einmal alles über ein gewisses Thema in Erfahrung gebracht?*

Als jemand, der in seinem Leben viel zu und über passives Einkommen gelesen hat und auch schon die eine oder andere passive Einkommensquelle ***erfolgreich und erfolglos getestet*** hat, bin ich der Meinung, dass ihr mit der euch hier vorliegenden Lektüre ***gut gewappnet*** seid und einen ersten Einblick in die Materie erhalten habt.

Ich bedanke mich an dieser Stelle auf jeden Fall herzlich für das ***Vertrauen*** in mich und in diese Lektüre und hoffe, dass euch diese Lektüre auch etwas zurückgeben konnte.

Es können bloße ***Informationen und Eindrücke*** sein, die euch nur etwas näherbringen sollten, was denn jemand meint, wenn er oder sie von einem passiven Einkommen spricht. Vielleicht existierten bei euch konkrete Pläne, auf ein passives Einkommen zu setzen, und ihr seid in dieser Hinsicht nun schlauer, weil ihr das nach dieser Lektüre ***nun nicht mehr wollt oder erst recht wollt***.

Vielleicht seid ihr nach den Ausführungen im einleitenden Kapitel und im ***Mindset-Kapitel*** nun hellhörig geworden und möchtet einer passiven Einkommensquelle in eurem Leben nun eine Chance geben.

Wie auch immer ihr die Seiten dieses Buches in Zukunft nutzen werdet. Ich hoffe jedenfalls, dass eure ***Vorhaben von Erfolg geprägt*** sein werden.

In jedem Fall werdet ihr mit den dargestellten häufigen Fehlern in diesem Buch ***den einen oder anderen Fehler bestenfalls vermeiden und abwenden*** können. Betreibe kein Harakiri, vermeide die hier dargestellten Fehler und Nachteile eines möglichen passiven Einkommens bestmöglich. Solltest du doch ***Fehler*** begehen, was nur menschlich wäre, versuche bestmöglich und schnellstmöglich ***daraus zu lernen.***

Ich würde dir empfehlen, eine passive Einkommensquelle zu wählen, die schon jetzt zu deinen ***Fähigkeiten***, zu deinen ***Talenten***, zu deinem ***Charakter***, vielleicht auch schon zu deinem ***Job*** passt.

Es bringt meiner Meinung nach wenig, als emotionaler Mensch, der sich nicht gern mit Zahlen umgibt, in die Aktienwelt einzusteigen, nur weil man gehört hat, dass Aktien unter Umständen gute Anlagen sein können. Ebenso wenig würde ich einem Menschen, der ungern schreibt und sich auch ungern sprachlich ausdrückt, empfehlen, plötzlich in das E-Book-Business einzusteigen.

Solche ***Quereinstiege*** sind möglich und doch sollte ein passives Einkommen meiner Meinung nach möglichst ***authentisch*** bleiben, damit es Erfolg versprechend sein und bleiben kann.

Vorbereitung ist in diesem Kontext natürlich sehr wichtig und daher sollte man in jedem Fall genug Zeit für die Vorbereitung einplanen, bis man wirklich bereit ist, auf das ***zweite Standbein*** zu setzen.

Du hast auf jeden Fall, im besten Fall noch etwas Zeit im Leben. Möchtest du das passive Einkommen daher ***gewissenhaft aufbauen***, habe dafür ***Geduld*** und überstürze nichts. Dazu zählt auch, dass du dich gegebenenfalls *mit deinem Chef absprichst oder mögliche Probleme antizi-*

pierst, sofern du ein passives Einkommen neben einem aktiven Beruf bzw. Einkommen aufbauen möchtest.

Wenn du die Nachteile und ***Fehler vermieden*** bzw. hinter dir gelassen hast, genug ***Vorwissen*** parat hast und die ***Vorbereitung*** abgeschlossen ist, dann wünsche ich dir viel **Spaß** dabei, die **Vorzüge eines passiven Einkommens** in vollen Zügen zu genießen.

Ich beglückwünsche dich außerdem dafür, ein **selbstbestimmtes Leben** zu führen, selbst wenn man einmal in seinem Leben dafür ***gegen den Strom schwimmen*** muss.

Ich selbst bin inzwischen ein ***geübter Schwimmer*** und muss sagen, dass ich die Schwimmkurse und den einen oder anderen Tauchgang gern hingenommen habe, um nun sicher in jedem Gewässer schwimmen zu können. Dafür muss man nicht dasselbe ***Mindset*** verfolgen, wie ich es tue oder diverse Steve-Jobs-Zitate verinnerlicht haben. Es reicht, sich einmal ***intensiv Gedanken über die Möglich-***

keit eines passiven Einkommens gemacht zu haben.

Dafür sind ***Vor- und Nachteile*** zu erwägen, aber vielleicht auch eine kurze ***Reflexion*** darüber, wie das eigene Leben denn künftig aussehen soll. Diese Vision schadet nichts, selbst, wenn es nicht um ein passives Einkommen geht.

Hiermit verbleibe ich mit den besten Grüßen und wünsche Erfolg, Gesundheit und eine angemessene Portion Selbstverwirklichung!

Dein Florian Faber

Literaturverzeichnis

Feller, Heinz: „Geld verdienen im Schlaf – passives Einkommen erzielen“

Financial Freedom Academy: „Passives Einkommen: Finanzielle Freiheit durch Passives Einkommen - Geld sparen und verdienen mit Immobilien, Aktien und Online-Business-Modellen“

Fischler, Johann: „Erfolgsrezept Internet“

Grace, Benjamin L.: „29 Ideen, um die finanzielle Freiheit zu erreichen“

Kons, Paula: „Kryptowährungen – mit Bitcoins ein passives Einkommen generieren“

Lodge, Christopher: „30 Ideen für Geschäftsmodelle und Businessideen, um leicht Geld zu verdienen. Mehr Geld und Freiheit durch automatisierte Geschäftsmodelle, die langfristig Einkommen bringen!“

Neumann, Thomas: „Passives Einkommen – der Schlüssel zu Wohlstand, Freiheit und einem coolen Leben“

Walker, Jonathan S.: „Passives Einkommen online“

Wrobbel, Lars; Lindner, Tobias: „Passives Einkommen: 33 Ideen für mehr Geld und Freiheit“

Haftungsausschluss

Die Benutzung dieses Buches und die Umsetzung der darin enthaltenen Informationen erfolgt ausdrücklich auf eigenes Risiko. Haftungsansprüche gegen den Autor für Schäden materieller oder ideeller Art, die durch die Nutzung oder Nichtnutzung der Informationen bzw. durch die Nutzung fehlerhafter und/oder unvollständiger Informationen verursacht wurden, sind grundsätzlich ausgeschlossen. Rechts- und Schadensersatzansprüche sind daher ausgeschlossen. Das Werk inklusive aller Inhalte wurde unter größter Sorgfalt erarbeitet. Der Autor übernimmt jedoch keine Gewähr für die Aktualität, Korrektheit, Vollständigkeit und Qualität der bereitgestellten Informationen. Druckfehler und Falschinformationen können nicht vollständig ausgeschlossen werden. Der Autor übernimmt keine Haftung für die Aktualität, Richtigkeit und Vollständigkeit des Inhaltes dieses Ratgebers, ebenso nicht für Druckfehler. Es kann keine juristische Verantwortung sowie Haftung in irgendeiner Form für fehlerhafte Angaben und daraus entstandenen Folgen vom Autor übernommen werden. Sämtliche Inhalte dieses Buches sind urheberrechtlich geschützt und dürfen ohne eine ausdrückliche schriftliche Genehmigung des Autors in keiner Art und Weise (elektronisch, in Bild- Ton- oder Sprachform) weiterverwendet, vervielfältigt, kopiert oder in jeglicher Form gespeichert werden.

Urheberrecht

Impressum

© Autor: Florian Faber
Kontakt:
c/o AutorenServices.de, Birkenallee 24, 36037 Fulda.

Coverfoto & Grafiken:
depositphotos.com | istockphoto.com |
shutterstock.com | fotolia.com

Covererstellung: Mind Media Design

46550538R00096

Printed in Poland
by Amazon Fulfillment
Poland Sp. z o.o., Wrocław